Poison

POISON

THE HISTORY OF POTIONS, POWDERS
and MURDEROUS PRACTITIONERS

毒物犯罪研究室

解析23種經典致命[植物・礦物・藥劑・毒品]
從[醫學鑑識&毒物科學揭秘恐怖毒殺與謀殺手法]

Ben Hubbard / Sophie Hannah

班・哈伯德 / 蘇菲・漢娜 (序) —— 著

游卉庭 / 戴榕儀 —— 譯

目次 Contents

序語

「冷血殘忍的下毒害人是如此邪惡之事。如果她只是拿把左輪手槍射殺他這還可以理解，但這是冷酷、蓄意且心懷憤恨的毒殺，而她竟然如此冷靜、淡定。」這段話摘自阿嘉莎・克莉絲蒂的《五隻小豬之歌》（Five Little Pigs）。書中最後兇手只是鎮定的毒殺艾米亞斯・克雷爾（Amyas Crale），而非激動、瘋狂的謀殺……但我不打算多說，因為我不想爆雷，以免影響到未讀過這本偵探犯罪小說的讀者。

阿嘉莎・克莉絲蒂是一位毒物專家，她年輕時曾在醫院裡擔任藥師，而承繼她的寫作事業（我個人偏好這說法）也讓我拓展寫作的毒殺範疇。我是到 2013 年寫了第一本白羅密案《白羅再起：倫敦死亡聚會》（The Monogram Murders）才開始在犯罪著作裡使用毒殺的殺人手法。後來我突然發現自己很需要毒藥，特別是氰化物，之後在第二本白羅小說《密封的棺木》（Close Casket）我選了番木鱉鹼。是不是 1930 年代的歷史氛圍釋放了我內心的投毒者呢？倒不是如此，就在我寫完《密封的棺木》後，我發表了一本當代犯罪小說《惡霸藍熊》（Bully the Blue Bear），故事是以被害者會過敏的食物成分引發的毒殺案件。書中犯人本可用氰化物或番木鱉鹼來犯案，但這兩種皆是白羅系列裡知名的毒藥，而帶幾顆水煮蛋進入大樓，偷偷放進特定午餐盒似乎不會讓人譴責這個角色，犯人並不覺得自己是兇手，即便她深知自己就是想致人於死。

我想這符合所有投毒者的心態，既是充斥謊言、虛偽的殺人手法，更可以是好好先生類型兇手會挑選的兇器——被害者永遠不知道你正在殺害他。你可以把毒藥投入任何相關容器後擱置在任何地方，接著任痛苦的窒息和死亡上演。如果你怕噁心，也可避免看見死亡現場，逃過被害者對你展現不認同和憤恨表情。你是否有認識哪些渴望被眾人喜愛，甚至是自己討厭的人也可以（其實這種人不少）？如果你想殺死他們，但又不希望他們懷疑你是不是忠誠的朋友和支持者，只要使用毒藥就能做得到。目標身亡時，你已經離現場數英里遠，但如果你選擇射殺或刺殺被害者，就可能會被別人看到，知道你就是兇手。不過這種好好先生型的毒藥也有其缺點，因為這一類人特別想控制他人的意見和行為。如果你是工於心計的控制狂，就不可能只在玻璃杯裡滴一點毒藥，預設受害者會死而走開，因為有太多不確定性了：如果他們打翻杯子怎麼辦？或是把摻有毒藥的飲料讓給別人喝了，就像阿嘉莎・克莉絲蒂的《遲來的報復》（The Mirror Crack'd From Side to Side）。

當然，也有避免以毒藥來殺人的其他殺人犯（或犯罪作家），這類人不喜歡生病。涉及槍支或刀刃的謀殺，受害者本來健全然後瞬間死亡，沒有逐漸萎靡、生病的過程。投毒致死就像是讓末期病症加速發展，如果你厭惡生病，不想再看見被害者但也不希望他們受苦，比起從健康到死亡，這樣的結果

可能會更好。專門書寫謀殺密案的作家，如果比較著重神祕而非謀殺本身，可能就不想花過多篇幅描寫窒息、嘔吐等糟糕的情節，反而寧願將專注力放在懸疑難解的心理謎團。

　　我得承認我在指我自己，這說來有點不好意思：曾經有人找我閱覽一本犯罪小說，提供能放在書封的評語，故事主題是一名女性因為謀殺自己罹患末期病症丈夫而遭受審判，她主張這是憐憫的謀殺，為了讓丈夫不再痛苦。我當時直接向出版方表示，「我得問一下，這部作品有沒有情節反轉的部分？會不會其實丈夫根本沒有末期病症，她不過因為憎恨他想讓他死而已？」「沒有！」因為此問題發笑的出版方回答。「他真的病入膏肓，她深愛著他，這真的是憐憫的謀殺。」「既然這樣我讀不了這本書，這故事太無趣了。」

　　我的第三部白羅作品《四分之三之謎》（The Mystery of Three Quarters）沒有投毒情節。目前我正在籌備第四部作品，尚未決定被害者的死法。就如同偵探白羅，我是個按部就班且非常執著調理秩序的人，投毒未免太過倉促。我總不禁想著殺人就該快速、直截了當，當然，這除了出現在小說，並不會在現實中發生。如果你閱讀犯罪小說、對真實案件著迷，或因此想振筆投書成為犯罪小說作家，你必能在本書中找到五花八門的投毒方式，切記在讀完後把指紋擦乾淨就好。

蘇菲・漢娜

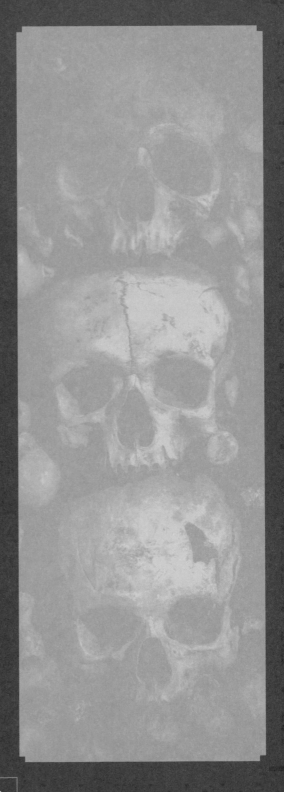

前言：毒藥──故事重現

2018 年，一件看似冷戰驚悚小說才會出現的地理政治毒殺案報導震驚全球，
在英國索爾茲伯里小鎮，前蘇聯間諜謝爾蓋‧斯克里帕爾和女兒尤利婭
被人投以軍級神經毒素諾維喬克。

該種毒藥被噴在斯克里帕爾的前門把手上，被害者肺部會充斥身體其他部位的體液，引發呼吸道塌陷。斯克里帕爾和女兒昏迷數週，最後幸運生還。

毒殺新聞總是容易引起關注，畢竟毒殺這門暗黑藝術的發展歷史與人類史一樣久遠。不過，諾維喬克這種毒素是在蘇聯祕密實驗室裡開發，是人類史上最新的毒藥。諾維喬克既無色也無味，容易偽裝還很容易使用。斯克里帕爾毒殺案背後代表的訊息非常清楚：警告所有俄國政治異議分子，任何時間都可能突然身亡。

針對此款完美毒藥的早期研究通常不需隱晦，這種毒藥可以藏在戒指或化妝盒，引發像是常見疾病的症狀。法證科學的相關調查要到 19 世紀初期後才開始，此時期也稱為毒藥的黃金時代。

黃金時代期間，砒霜的取得就如買麵包一樣方便。壁紙、孩童玩具和肥皂裡都含有砒霜，難怪當時的人經常生病，或因為砒霜意外中毒而突發身亡。投毒者要下毒很容易，他們通常將砒霜放入摯愛之人的茶水中，而壽險的出現也提供了更多的動機。不過，低劑量的砒霜一直以來都被視為能增強免疫系統、延壽的補藥。

古代國王米特拉達梯（Mithridates）正是此論述的最佳代言者。他每天攝取一定劑量的毒藥來抵禦可能出現的暗殺行動。米特拉達梯主張，只要攝取低劑量的砒霜，他的身體就會發展出對暗殺者的抵抗力，因而免疫。這神奇的理論也有傳說流傳：萬應解毒劑（Mithridatium）一直到 18 世紀晚期都備受歡迎。

毒藥史緊接著醫藥史發展並非巧合：此二者可謂同源而生。瑞士醫生帕拉切蘇斯（Paracelsus）發現毒藥與醫藥之間的差異，僅僅只在於劑量而已。他在 1530 年代曾提到「所有藥物皆是毒藥，沒有毒藥即一事無成，只有劑量差別能讓毒藥不成毒藥。」因此奠定了現代科學裡毒物學科的基礎。他主張的原則是，所有化學成分就連水和氧氣在內，只要攝取高劑量就可能成為毒藥。

低劑量藥物也可能是高劑量毒藥的理論，從人類早期文明即被知悉。古埃及埃柏斯紙莎草卷（Ebers Papyrus）是全世界最古老的醫學文典之一，內容有超過 700 種的配方和療法，其中包含神祕且心靈層面的，也有攝取蜂蜜、無花果和椰棗可以治療尿道問題的內容。公元前 1534 年的紙莎草卷也有提及毒藥，比如毒芹、烏頭草、鴉片和銻。

埃及王國最後一任法老克麗奧佩特拉就曾在罪犯身上投毒實驗，將結果記載下來。她最終的結局據說是因為角蝰的毒液。

Rodine 是英國廣泛使用的滅鼠毒藥，由麥麩、糖蜜和磷製成。磷毒在 1963 年明令禁用後據說大幅減少。

克麗奧佩特拉為了反抗屋大維而死，這提醒我們毒藥是平衡歷史的重要角色之一，是確實需要體力才能下手的殺人武器：本書中將介紹使用毒藥殺人的各色人物。

從歷史上來看，女性通常都是厲害的製毒者。17 世紀，傳說女巫拉瓦森（La Voisin）就曾在路易十六宮廷裡向多位貴族人士販售毒藥；義大利的茉莉亞・托法娜（Giulia Tofana）發明了以她為名的毒藥，超過 600 人因此死亡。毒藥多半是想逃離丈夫暴力的妻子而用。

毒藥在人類歷史上一直是未曾中斷的黑暗發展，反映出人類在科學、科技和社會思考上的進步，也呈現施毒者內心的幻想投射。投毒殺人是個人且毫不含糊之舉，兇手沒有任何一絲猶豫。毒藥造成的症狀不僅令人震驚、古怪且五花八門，受害者可能會在嚴重痙攣下死亡，或是由體內往外力竭而死；也有人因為呼吸系統塌陷造成鼻部、口部和眼部流血窒息身亡。若是氰化物中毒，則會讓死者面帶恐怖悚人的笑容。

毒殺的可怕歷史，可回溯到人類發展的初期，至今也仍是世界舞台上的要角。投毒是因為我們最偉大也最糟糕的衝動──對知識和進步的渴望，加上想摧毀他人的需要。毒殺史儼然就是人類史的發展。

有毒植物與捕食者

數世紀以來，殺人犯使用的毒藥大多取自植物和動物。
大自然本身就是充滿劇毒的戰場，
毒物不僅能用以防禦，也能當成攻擊利器。

植物會利用強效毒素來保護自己不受飢餓的捕食者侵犯，帶有劇毒的動物則以致命毒素來殺死獵物，大自然儼然為心懷不軌的人類提供了毒物自助餐。

植物

人類會從植物身上尋找毒藥。我們對植物的好壞理解，最早可追溯至人類發展早期。我們的近親如人猿和猩猩，經常會攝取有藥性的植物減輕腸胃不適或其他病痛。隨著原始人類演化至直立人，我們當然也繼承了這類原始知識。但是有藥性的植物攝取太多也可能變得致命，最早嘗試以植物治療自身的人類，必然有偶爾因此身亡的，意外中毒一直是使用植物的風險。

植物的毒素判準一向著名複雜難解，直到科學發展進步到人工合成才有所成果。這是因為一株植物的毒性效力，即植物毒素（phytotoxins），其差異可以非常大，就算是同一地點生長的兩株相同植物，其毒素效力也可能不一樣。這些因素加上使用者本身對毒素的生理反應不一，都為早期毒素研究增添更多的「試驗與謬誤」。我們之後會陸續了解到，過去以顛茄（belladonna）、曼陀羅（datura）和鐵杉屬（hemlock）來下毒，都曾出現意想不到或微不足道的結果。

莨菪（Hyoscyamus niger，俗名天仙子）、烏頭草（烏頭屬）與顛茄（atropa belladonna）這幾種植物會引發幻覺和飛翔感。中世紀時，女醫者會從這些植物萃取具麻醉作用的油膏，以掃帚柄塗抹在私密處。據說女巫神話也源自於此。

真菌

真菌生成的毒素稱為黴菌毒素（mycotoxins），是全世界效力最強的毒素之一。真菌種類多元，包括微生菌（minuscule）、單細胞黴菌、蕈類和菌蕈（toadstools）。菌蕈中毒極其常見，因為人們總把菌蕈類誤認為可食用的蕈類。經常引發中毒的包括鵝膏菌（death cap toadstool）和毒蠅傘（fly agaric mushroom）。

一直以來，毒蠅傘不僅使人中毒，同時也是能引發幻覺的麻醉劑。西伯利亞地區原住民會在祭祀儀式上使用毒蠅傘，薩滿吞下這種菌後，其他人飲用薩滿的尿液，以此體驗其帶來的精神影響，這過程會使毒蠅傘毒性發作，產生出汗、嘔吐和奇癢的反應。毒蠅傘以難以預料的毒發影響聞名：使用過量時症狀會使人產生疑惑、幻覺和痙攣，不過使用毒蠅傘的「過程」也可能出現不明顯的症狀。另一種和毒蠅傘有相似毒效的還有小型黴菌「麥角（ergot）」，不過由於麥角是生於黑麥和大麥上的有害菌類，因此中毒者多半是意外受害。從塞勒姆審巫案（詳見P78-79）可以得知，麥角中毒的影響遠比一般病症更嚴重。

毒蠅傘與聖誕老人的源起有關，因為其毒性會引發飛翔感，而麋鹿食用了毒蠅傘。另外，此菌外觀也像聖誕老人一樣有紅色、白色。

動物

動物王國裡有數不盡的有毒生物，鳥類是唯一的例外。動物性毒素稱為動物毒素（zootoxins），原來是以防禦作用而存在特定生物的體內。以巨型海蟾蜍（Rhinella marina）為例，此動物體內藏有強效毒素，遇到威脅就會分泌出蟾蜍毒鹼（bufotoxin）。斑螫（blister beetle，地膽科）體內的毒素稱為斑螫素（cantharidin），主要是用來保護卵。斑螫素有時會被當成有毒的春藥誤用，薩德侯爵（Marquis de Sade）的故事即是有名的案例（詳見 P68-71）。

其他動物則是以毒攻擊敵人，這類有毒生物最著名的有蛇、蠍子和蜘蛛，全世界每年至少有10萬件死亡案例是因為被蛇咬傷。毒性最猛烈的蛇包括蝮蛇、眼鏡蛇和太攀蛇屬（taipans）。這類蛇的毒液會在皮下利齒咬合目標時注入，分解其傷口處的肌肉組織，引發癱瘓，導致呼吸道與心肺失能。許多人認為埃及豔后克麗奧佩特拉即是以眼鏡蛇咬傷胸口來自殺。P22-25 會探討此論述。

地球元素

隨著人類歷史進展，新毒藥也從非植物或動物身上發現，
這類毒藥一開始源自地球元素，
後來則出自人類原本沒看過或未知的細菌及人造物質。

這些毒素是目前所知最致命的物質，也曾被用在大屠殺上。

元素

地殼上約有 80 種元素，這些元素低量時無害，人體內也能找到不少；不過如果用量變多，這些元素就變成史上最知名的毒藥，如：砷、銻、汞、鉛和鉈。傳統上，這些元素多用在染料、化妝品和滅鼠藥及醫藥上。古埃及人就曾以銻來調理皮膚，汞則用在藥丸上，比如 1970 年代盛行的瀉藥。而汞也是中國第一位皇帝秦始皇每日服用的補藥（詳見 P40-41）。

羅馬帝國許多人是因為使用含鉛的古代器皿而慢性中毒，至今仍有人認為這是造成羅馬帝國滅亡的原因之一（詳見 P38-39）。這些元素中或許砷（即砒霜）是最有名的，本書裡許多謀殺案便是以此為主角。有趣的是砷在醫學上的角色：19 世紀中期奧地利施蒂利亞（Styria）就發現有「食砷者」會攝取少量砒霜，堅稱有健康益處。這也進一步佐證了帕拉切蘇斯醫生的理論——所有物質根據劑量多寡，可以是醫藥也可能是毒藥。

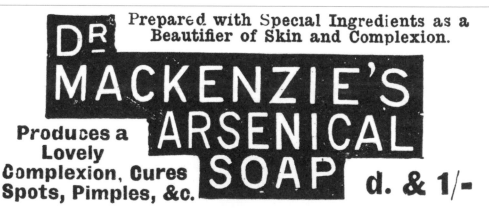

19 世紀時麥肯錫醫生的砷皂廣告，據稱可以治癒痘瘡、面皰，讓皮膚變好，其成分包含鋅和砷。

細菌

　　人類經常要對抗有害的細菌。因為肉眼看不見，細菌會經由食物、水和空氣進入人體，一旦進入人體後，細菌就會以可怕的速度增生，接著產生有毒蛋白質「外毒素（exotoxins）」。這種有毒的化學物質會持續釋出，使細菌即便死亡也會隨著人體免疫系統被摧毀而持續動盪。細菌毒素會攻擊人體細胞，干擾細胞正常活動，或是直接完全摧毀細胞。有時候細菌也會打開自己的外細胞膜，在蛋白質停止整合與阻撓信息經過神經傳播前釋出。武器化的細菌例如炭疽病（anthrax）則會每日製造毒素，由體內耗損人體。第 152-153 頁可以獲知更多炭疽中毒的資訊。

人造的有毒物質

　　加工產生出來的化學物質在現代世界有各種重要用途，例如農業和蟲害控制。不過用來殺死昆蟲、鼠疫、黴菌和雜草的化學物質，通常也能施加在人類身上。為了達到此目的，化學製造廠會轉型成製造大屠殺武器的實驗室。本來作為滅鼠藥的氰化物可能是史上最可怕的範例。齊克隆 B（Zyklon B）就是納粹德國用在滅絕營毒氣室殺死數百萬人的氰化物殺蟲劑（詳見 P116-117）。

　　21 世紀，東京地鐵大屠殺事件則是使用沙林毒氣。沙林是特別發展出來殺害人類的現代毒藥範例，神經毒素諾維喬克則是另一種。諾維喬克是冷戰時期蘇聯政府祕密實驗室裡發展出來的武器之一，直到 2018 年才問世（詳見P166-171）。使用諾維喬克和有放射性元素釙的暗殺事件，成為現今世界裡作為殺人武器的毒藥代表。

14 世紀席捲全歐洲的黑死病，其實是流行性淋巴腺鼠疫的細菌大爆發，最終造成約 2 千 5 百萬至 4 千萬人因而死亡。

奧斯威辛集中營裡被大量使用的齊克隆 B，以藥丸形式透過排氣管輸入毒氣室，殺死室內的人。

毒藥的科學

簡單來說，毒藥是指有機體吸收後會造成傷害、疾病或死亡的有毒物質。
植物、動物或地殼元素存有各種的有毒物質。

有些毒藥是人工製成，它們不是被偶然發現，就是在高度機密的武器實驗室裡研發出來。毒藥有各式各樣的形式，包括固體、液體、氣體、蒸汽和氣霧的型態。毒藥的物體型態、劑量和施加方式，皆是決定其接觸人體、對人體有何影響的因素。

毒藥的接觸路徑

毒藥進入人體的路徑會影響人體如何快速反應、毒素攻擊人體哪個部位，以及受害者的生存機率。而毒素物質以四種主要的方式進入人體：消化、吸入、吸收或注射。

消化：毒藥以固體形式消化是主要的進入路徑。因為這與消化食物的路徑相同，人體會有自然防禦機制排除毒素。可溶性毒素會直接進入腸道，以正常方式排泄，而不可溶毒素則會侵襲腸壁，進入血流中，接著被輸送到肝臟和其它器官，造成傷害。

吸入：蒸汽、氣體或氣霧型態的毒藥是以吸入為主要的進入路徑。一旦吸入，這類

兩大前牙毒蛇種類為
眼鏡蛇和蝰蛇

毒藥會傳輸至呼吸道，透過肺部進入血流中，讓毒發效果快速又危險：肺部的血流會直接進入心臟，靠心臟打入身體其他部位。大腦會是最先吸收到這血流的器官之一，但通常吸入性毒藥的化學物質，最後會輸送到它們最偏好的器官，也就是所謂的「目標器官」。

吸收：藉由皮膚或眼部吸收的液態毒藥會有加倍的危險效果。這是因為毒藥所含的腐蝕性化學物質，會使穿透皮膚及進入血流的組織重大損傷，一旦進入血流中，毒素會被輸送到內部器官。人類雙眼對於有毒物質特別敏感，以此方式投毒，可能造成無法挽回的傷害。

注射：經由皮下注射針或動物尖牙進入人體的毒素特別致命。除了吸入，注射是最快將毒素送入血流的方法。這類毒素會直接通過許多天然防禦機制，蛇毒也會破壞傷口附近的組織，使血液中的修復成分難以抵達傷口。

人體對毒素的反應

　　毒素進入血流就會攻擊人體細胞，有的毒素會阻撓神經與肌肉之間的信息傳達，這類毒素會停留在細胞外。不過大部分細胞會穿透外細胞膜進入核心，這可能有多種方式：有的毒素會強制進入外細胞膜，有的會停留在細胞膜內的細胞通道分子。最可怕的毒素是脂溶性毒素：這類毒素會直接穿透任何由皮脂建構的細胞膜，一旦進入細胞後，這毒素會造成受害者生理系統最大傷害，主要停止與細胞整合的 DNA（帶有細胞的基因密碼）和 RNA（在細胞裡執行特定重要功能）運作，或是阻礙細胞進行不同反應的酵素。有的毒素會冒充有幫助的酵素摧毀細胞內的分子，其他毒素則會阻擋細胞的能量來源，讓細胞挨餓。至於其他毒素則會讓細胞的外細胞膜開放，讓體液不斷流入直到細胞爆炸。

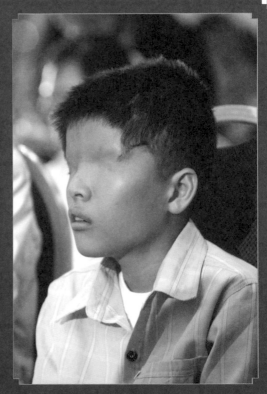

越戰結束40多年來，仍有孩童因為橙劑（Agent Orange）的傷害導致天生殘疾。此毒劑的主要成分是戴奧辛，至今仍留存在該國的生態系統中。

急性劑量或慢性劑量

　　中毒會因為急性或慢性接觸有毒物質而引發。急性中毒是指單一場合裡接觸到某種以單一劑量施加的毒素；慢性中毒則是長時間接觸某種毒素，可能是幾天甚至是數十年。比如石棉中毒引發的症狀，就可能會潛伏超過 20 年才顯現出來。

　　很多毒素的效果不論是劑量多寡，急性或慢性都一樣可怕。毒素的用量、劑量的使用頻率及毒藥生效速度，這些因子總和才能決定毒素的整體效果。以醫學專業用詞來說，能殺死受試團體中一半人數的一劑毒藥，即可稱為致命劑量或半數致死劑量（LD50）。

第一章 古世界的毒藥

史上第一個被毒殺的人是誰？

此人沒有留下名字，但其確實是消失在我們過往歷史的一號人物。

而從考古學歷史得知，最早祖先是將毒藥塗抹在矛頭和箭頭上使用。

比起長時間使用斧頭或棍棒，這種方法可以更有效率地殺死大型哺乳動物。

肉食資源稀少時，實驗證實烹調可以減少植物根部和塊莖裡的毒素。此時的科學試驗結果大都是嘗試性和歷經各種失敗。為了讓我們今日能安心食用，許多古代人為提供料理作法而犧牲了性命。

隨著獵人和採集者慢慢進步成遊牧民族到定居者，對新毒藥的需求因此出現。住在封閉空間的人們，會吸引來害蟲與瘟疫，而滅鼠藥是有效的解決辦法。但這種毒藥配方的出現到放入調理鍋用來對付敵人、討厭的家庭成員或不忠愛人，又花了多久時間呢？

在村莊發展成城鎮、都市之際，文字記載了毒藥被當成殺人工具。古代蘇美人、阿卡德人和埃及人均非常了解植物毒素，包含鴉片和顛茄。他們留下的記錄提到醋可以中和毒藥，這方法仍然沿用至今。東方世界神話裡的中醫奠基者神農氏親嚐百草，親自找出數百種有毒藥草，用自己的身軀來見證這些毒素會有什麼生理影響。

「毒素（toxin）」這個字源於古希臘字「toxikón」或是「toxikós」，本意與有毒箭頭相關。荷馬史詩《奧德賽》中，奧德修斯將箭頭沾滿毒藥黑藜蘆（hellebore），

他也提及希臘人和特洛伊人在《伊里亞德》裡也用有毒的箭頭和長矛彼此相鬥。《奧德賽》（公元 8 世紀）裡提及用毒，證實希臘老早就有毒藥使用的文化。

根據羅馬詩人奧維德（Ovid）所述，青銅器時代屬於野蠻的時代，他在公元 8 世紀創作的《變形記》（Metamorphoses）就曾記載家族殺戮會使用毒藥：「丈夫渴望殺死妻子，妻子希望丈夫死掉，殘忍的繼母們會混合各種致命毒藥，兒子們也會探查父親在世的時間還有多久。」

羅馬帝國時期，家庭成員仇恨相向已是主流，統治階級更是如此，因此當時皇帝尼祿試圖毒殺繼兄和母親也非意料之外，畢竟這是他承襲母親而來的習慣。

不過這現象不只出現在羅馬時代，據說此前文明發展更好的古典希臘才是濫觴，當時可是古雅典人的天下，更是古世界最重要的哲學家蘇格拉底時代。

荷馬筆下的奧德修斯在特洛伊戰爭後返回伊薩卡（Ithaca），
以帶毒的毒箭擊殺其妻潘涅洛普的追求者。

審判蘇格拉底

公元前 399 年的某一天，
哲學家蘇格拉底站在 500 位雅典陪審員面前，
被控「拒絕承認國家認可的神祇」和「腐蝕青年思想」。

有罪就等於死亡，蘇格拉底與控方經過 6 小時激烈爭辯，陪審團將「有罪」或「無罪」的陶片投入陶罐，最後判決為 280 票有罪，220 票無罪。

陪審團接著要決定蘇格拉底的判刑，控方認為應當判處死刑，詢問蘇格拉底的想法。他無禮地表示：自己後半生應領取國家薪俸和免費餐食，付一筆罰金就好。

於是雅典人對千人所指的蘇格拉底不抱任何期望，根據蘇格拉底的學生兼傳記作家柏拉圖所述，當德爾斐的神諭聲稱沒有人比蘇格拉底還聰明時，他便成為雅典的「牛虻」。蘇格拉底經常讓市民不滿，他會批判雅典創始的政治系統民主，激怒政治團體「城邦（polis）」，還經常以自己的蘇氏問答（使他人感到無知）讓人難堪。蘇格拉底也與曾短暫推翻雅典政府的三十僭主（Thirty Tyrants）有關係。

而今蘇格拉底正準備接受報應，他被判處服下毒芹而死。死刑執行的當下柏拉圖並不在場，但其在《裴多篇》（Phaedo）裡記錄了目擊者轉述的內容。蘇格拉底服毒後的狀況如下：

「蘇格拉底不斷來回踱步，直到他覺得雙腿痠疼，接著他按照獄卒指示躺下。這位獄卒撫觸了他，沒過多久再次檢視他的雙腿。獄卒用力捏了一下他的腳，問他是否有感覺，蘇格拉底表示沒有感覺。獄卒接著捏了小腿，陸續往上，表示蘇格拉底身體已經變冷且逐漸僵硬。後來獄卒最後一次碰觸他，表示毒藥抵達心臟時他就會完全死亡。蘇格拉底手腕開始變冷時，他把原本蓋住自己頭上的布揭開，說了遺言：『克里托，我還欠阿斯克里皮烏斯一隻雞，別忘了幫我還……』沒過多久蘇格拉底動了一下，獄卒掀開頭蓋布檢查了他的雙眼。克里托看見他死了，便闔上他的嘴巴和眼皮。」

這就是史上最著名的服毒事件之一，西方哲學之父蘇格拉底因此身亡。

左圖：雅克路易‧大衛（Jacques-Louis David）1787 年的《蘇格拉底之死》，將蘇格拉底追隨者的情感與這位哲學家的堅忍相比擬。70 歲的蘇格拉底似乎比古畫裡的雕塑來得更健康、瀟灑。

毒芹植物彩繪

毒芹

毒芹（毒參屬）是一種含有毒芹鹼（conline）的有毒植物，
此毒素是易揮發的神經毒，會損害人體中樞神經系統。
此植物也稱為「惡魔燕麥粥（devil's porridge）」、「毒歐芹」和「麝鼠草」。

簡介：

　　毒芹是一種鮮綠色的植物，可以長約
2.5 公尺高，莖部通常有紫色斑點，會長出
白色的花。其外觀與無毒的巴西利或胡蘿蔔
相似，但毒芹的每一部分都含有毒生物鹼
「毒芹鹼」，種子、花部、葉片和果實均是
如此。只要少量毒芹鹼就會快速致死，症狀
在接觸吸入後 30 分鐘內即可顯現。次級毒
害（secondary poisoning）也可能出現：吃
到毒芹籽的鵪鶉若被人類吃下肚，其毒素會
移轉到人身上；3 小時後可能出現腹瀉、嘔
吐和癱瘓。毒芹是古希臘著名的自殺和判刑
用物，哲學家蘇格拉底便是因此身亡（詳見
P19）。不過毒芹已證實會使受害者出現可
怕的癲癇，這與蘇格拉底平靜的死亡似乎不
太相符。據說蘇格拉底服下的毒藥是毒芹與
其他物質如鴉片的混合物，因此緩和了本該
劇烈的毒素反應。蘇格拉底最後是從末梢往
體內漸漸麻木，直到毒素最終中止了這位哲
學家的呼吸。

毒效：

　　毒芹裡的生物鹼毒芹鹼與尼古丁有
同樣的結構：它會對尼古丁乙醯膽鹼受體
（nicotinic acetylcholine receptors）產生作
用，阻礙中樞神經系統運作，阻擋傳輸至肌
肉的神經衝動，導致呼吸道肌肉癱瘓，無法

將氧氣輸送至心臟和大腦。因為此類生物鹼
出現在整株毒芹上，即便只是碰一下也可能
會使某些人的皮膚出現反應。根據古希臘人
的記載，以毒芹施毒會造成劇烈疼痛和可怕
的死亡。

中毒症狀：

　　毒芹中毒的症狀通常先是顫抖、腸胃疼
痛、唾液增加、肌肉虛軟、心跳加快且難以
表達，接著出現癲癇、癱瘓、中樞神經系統
不適、呼吸道受阻、窒息、眼盲、昏迷和死
亡。

治療方式：

　　毒芹中毒並無解毒劑，但若在吸入
後迅速洗胃或許能避免出現嚴重症狀。
若出現癲癇也可給予鎮靜安眠藥地西泮
（diazepam）。

著名毒害事件：

· 2006 年，英國德文郡一位園藝師模仿蘇
格拉底之死，聞了住家附近生長的毒芹
葉。他的屍體在一週後被發現，解剖報
告顯示他的呼吸系統和神經系統最後癱
瘓，使其喉嚨有超過百分之七十都無法
活動，因而窒息死亡。

克麗奧佩特拉之死

埃及最後一任法老克麗奧佩特拉（Cleopatra）的人生結局，結束於公元前 31 年希臘亞克興之役（sea battle of Actium）戰敗——其對手羅馬第一任皇帝屋大維戰勝。

克麗奧佩特拉自覺敗局不遠；她的軍艦當時逃離戰場，而愛人羅馬裔將軍馬可·安東尼也跟著抵抗羅馬，隨她逃離現場。這對史上最著名雙宿雙棲的愛侶命運就此定案。

克麗奧佩特拉與馬可·安東尼逃出亞克興後，返回亞歷山大皇城。回到宮中後，他們命令大門禁閉，準備迎接難以逃脫的命運。馬可·安東尼最終因為屋大維全權掌控羅馬後承認失敗，克麗奧佩特拉一直被視為和安東尼一同宣戰的代罪羔羊，她在羅馬被描繪成東方的娼妓，是引誘凱薩前左右手安東尼的妖婦，使安東尼與原本的戰友兼凱薩繼承人屋大維反目成仇。

安東尼與克麗奧佩特拉將一切賭在亞克興上：如今屋大維即將做出最後一擊，安東尼集結身邊僅剩的忠士，商討如何進犯屋大維，但最終還是無解。克麗奧佩特拉在亞歷山大港剩餘的軍艦被燒毀後，嘗試外交斡旋，但終究還是不可能逃走。她派遣外交使節帶上珍貴的禮物獻給屋大維，請求能讓她和安東尼平靜地繼續住在埃及。她也請求對方續留自己的皇嗣，也就是分別與安東尼和

埃及眼鏡蛇（也稱為「克麗奧佩特拉角蝰」）一咬，就足以在 3 小時內殺死一頭大象。

前愛人凱薩一同生育的孩子。

經過多番信息交流後，屋大維的使節告訴克麗奧佩特拉，只要安東尼還活著就不可能達成任何協議，一切取決於她是否要殺了安東尼。然而安東尼也怕事有蹊蹺，便鞭笞該名使節，不帶任何回應將其送還給屋大維。克麗奧佩特拉開始覺得安東尼可能會是個麻煩，於是考慮以自殺結束一切。這念頭在安東尼於亞克興差點因絕望而自殺就已然興起。

克麗奧佩特拉本身對毒藥非常著迷，也熟悉各種毒藥效果。她曾在死刑犯身上試驗各種植物和動物毒素，仔細記載了試驗結果。根據羅馬史學家普魯塔克（Plutarch）記述，克麗奧佩特拉發現「角蝰一咬就能引發麻木想睡和虛脫，不會有抽搐或呻吟，面部會些許出汗，全身感官會放鬆且黯淡無色……就像沉睡的人一樣。」

安東尼的結局是公元前 38 年 8 月 1 日在亞歷山大城外與屋大維的最後一役，當時他身邊的手下投降服輸。克麗奧佩特拉一聽見這消息，便把自己關在準備好的陵寢裡，派人告訴安東尼自己已經自殺。聽到這消息

的安東尼於是以劍刺腹，以羅馬戰敗將領常用的傳統自殺方式結束生命。

然而克麗奧佩特拉其實並未死亡，她反而想爭取時間，找出可以逃出埃及的方法。但這也不過是這位法老生前的最後 1 小時：屋大維的軍隊攻進皇宮，以皇嗣當作人質。等到這兩位領袖終於見面，她坦率地向屋大維表示自己不會任由他帶回羅馬遊街，號召勝利，屋大維則沒做出任何回應。沒過多久，屋大維打算帶著銬上鎖鏈的克麗奧佩特拉和其孩子回航羅馬，她最害怕的事情成真，便決意自殺。

克麗奧佩特拉這次無疑是真的死亡，但她的身亡在超過 2 千年後仍是備受爭議的無解之謎。最受歡迎的版本是莎士比亞的《安東尼與克麗奧佩特拉》（Antony and Cleopatra），她任兩條角蝰咬傷胸口後立刻身亡。羅馬作家蘇埃托尼烏斯（Suetonius）表示，克麗奧佩特拉的侍女也被蛇咬到，但她們在死前尚有時間可以幫克麗奧佩特拉整理皇冠和衣袍。

普魯塔克的解說則是屋大維趁克麗奧佩特拉的女侍完成最後任務時衝進陵寢，他當時氣憤地表示：「妳們的皇后就這樣死了嗎？」其中一位侍女害怕地抬起頭說：「是的，就如許多國王後裔會做的一樣。」接著她們就追隨主人而去。屋大維遂自稱羅馬的首席元老奧古斯都，拒絕以克麗奧佩特拉遊街宣示凱旋；此羞辱儀式一直是異國領袖敗給羅馬時的最後結局。

服毒史

克麗奧佩特拉是因為角蝰而死嗎？這疑問至今仍然備受爭議。她的自殺身亡曾被普魯塔克、狄奧（Dio）、蘇埃托尼烏斯和老普林尼等當時羅馬史學家記述，近代更包括有莎士比亞。「角蝰」時至今日據說指的是埃及眼鏡蛇（Naha haje）。眼鏡蛇是與埃及女神伊西斯（Isis）有關的古老符號，通常會出現在法老頭飾上。

其他說法還有當時蛇和一籃無花果被放在一起，拿給克麗奧佩特拉，而無花果被下了藥；或是克麗奧佩特拉手臂上有兩個洞，經由毒梳或胸針予以施毒。還有另一說是克麗奧佩特拉將摻有毒藥的油膏抹在自己的皮膚上，或是自己咬破手臂，把毒藥抹在傷口上。一份近期研究則否決了其被眼鏡蛇毒死的說法，因為被眼鏡蛇咬傷不見得一定致命，如果會致死，多半是痛苦且冗長的死亡，受害者會癱瘓，面部還可能扭出，眼睛睜大。因此這份研究主張被眼鏡蛇咬傷不會讓女法老面帶安詳而死，這也與普魯塔克所述：克麗奧佩特拉被角蝰咬後如沉睡般無痛身亡不符。克麗奧佩特拉對毒藥的興趣確實可能讓她最後平和身亡。至今還有一個廣受歡迎的理論是，克麗奧佩特拉吸入了混合鴉片、烏頭草和毒芹的毒藥，讓她慢慢死亡。另外還有一說是屋大維殺了克麗奧佩特拉，捏造了以蛇毒自殺的故事，因為這與埃及神話裡的角蝰符號相合，但不論如何，女法老之死仍然是未解之謎。

讓・安德烈・里克森（Jean Andre　Rixen）1874 年的《克麗奧佩特拉之死》，
把法老身亡之謎描繪成安詳、美麗的身軀。

米特拉達梯大屠殺

龐度斯王國（Pontus）的米特拉達梯國王怕被毒死其來有自，

他父親在宴會上被人毒殺，母親也千方百計想暗殺他，

他更是古世界許多羅馬施毒者的敵仇。

為了保衛自己不受威脅，年輕的米特拉達梯離開皇宮，在荒郊野外訓練自己成為堅強的生存者。他還採行順勢療法，每天攝取一定劑量的不同毒藥，藉此盡可能地讓身體產生免疫力。

公元前 115 年，米特拉達梯從野外返回北安納托利亞的龐度斯都城，開始整肅皇室。他下令處死母親，逮捕自己的弟弟，自稱為王。他承諾解放人民，將皇室疆土拓寬十倍，也確實證明了自己。米特拉達梯被流放在野外時，逐漸成長成強悍精實的大人，根據羅馬史學家老普林尼所述，「他天資聰穎，是特別優秀的醫學生，從所學中大量汲取知識。」

米特拉達梯追求知識的背後是為了自保：他找來醫生、科學家和斯基泰薩滿，幫助他調配出能抵禦任何已知毒藥的廣用藥劑。他還跟著植物學家克特瓦斯（Krateuas）調配出屬於自己的毒藥，與埃及法老托勒密私人醫師左普洛斯（Zopyrus）找出相應的解毒劑。

米特拉達梯在罪犯身上試驗毒藥和可能的解毒劑。他自己則發明了「米特拉達梯解毒劑」（Mithridatium）的藥：將多種藥丸、藥物和毒藥磨成泥，以蜂蜜凝固結合成一種藥錠。根據老普林尼表示，米特拉達梯後來「想到先服用解毒劑，然後每天吃一點毒藥的計畫，這樣才能讓毒藥漸漸無害。」

米特拉達梯努力想逃脫任何暗殺，他也針對鄰國進行擴張計畫。他擊敗北方的斯基泰人、西方的薩馬提亞人，透過聯姻與亞美尼亞人結盟。不過當他居中調解亞美尼亞人入侵羅馬盟軍卡帕多西亞（Cappadocia）時，羅馬再也無法忽視米特拉達梯的野心，因為他想打造一個能與（他號稱是）先祖波斯大流士一世與亞歷山大大帝相比擬的王國。

羅馬試圖侵略龐度斯王國後，米特拉達梯便在征服、夷平安納托利亞的羅馬城鎮時，屠殺 8 萬名羅馬市民做呼應。羅馬試著追擊米特拉達梯，但就連最強悍的將軍蘇拉都無法打敗這個君王，被迫和談。蘇拉的軍團撤退時，米特拉達梯組織一支大軍，準備威脅龐大的羅馬共和國，最後這場衝突讓他幾乎賠了夫人又折兵。

後來又有第二次和第三次與羅馬交戰。羅馬一開始確實贏了幾場勝仗，但米特拉達梯也勢均力敵地反抗。他和西西里海盜、埃及托勒密王朝與曾為反抗軍奴隸領袖的斯巴達克斯（Spartacus）結盟以前，劫掠了德爾斐的聖壇。照此狀況來看，米特拉達梯一度有機會能結合小亞細亞東西文化與希臘王國來與敵軍羅馬抗衡。但他沒算計到家族反叛和狡猾的羅馬將領格奈烏斯・龐培（Gnaeus

Pompey）。龐培潰擊了米特拉達梯的盟軍，包括西西里海盜，並與任何背叛他的鄰國以及人民交好——包括米特拉達梯自己的兒子馬卡雷斯（Machares）在內。

米特拉達梯因此殺了馬卡雷斯，但不久另一位兒子法爾納克（Pharnaces）也加入羅馬一方，而龐培也開始逼近。當羅馬軍團向米特拉達梯逼近時，他最後站在自己的堡壘上，與兩個年幼的女兒一同被困，米特拉達梯決定自殺，不願承受戴上鐐銬任羅馬人帶回去凱旋遊街的恥辱。根據阿庇安（Appian）的《羅馬史》（Roman History）內容，米特拉達梯後來將隨身劍帶旁邊的毒藥取出，加以混合，但他的女兒們卻堅持要先服毒：

米特拉達梯穿戴獅首帽半身像

「毒藥馬上就在她們身上作用，雖然米特拉達梯快步移動想加速毒藥作用，卻沒有任何效果。因為他為了讓自己有抵抗力所以每天都吃了一點，這些毒藥至今仍稱為米特拉達梯解毒劑。」

看來米特拉達梯一直以來按順勢療法服下一定劑量的毒藥，讓他得以免疫，無法使用這些劇毒來了結生命。但他終究堅持自殺：他要求高盧守衛以劍刺殺他，最後墜樓身亡。同年，公元前 63 年，龐培領軍將龐度斯王國併入羅馬共和國，將米特拉達梯剩餘的孩子、妻妾和姐妹全數殺盡，其皇室就此終結。

米特拉達梯解毒劑

萬應解毒劑又稱為米特拉達梯解毒劑。其配方據說是在米特拉達梯國王的個人藏櫃中找到，最後遞交到龐培將軍手上。根據老普林尼的記載，萬應解毒劑含有超過 54 種不同的成分：包括核桃乾、無花果乾和芸香葉，以及鴉片、沒藥和在海貍睾丸裡找到的海貍香（castoreum）。老普林尼也提到，米特拉達梯會飲用餵食有毒植物的鴨血。後來尼祿的醫生安卓馬丘斯（Andromachus），和馬可·奧理略（Marcus Aurelius）的醫生加倫（Galen）均提出萬應解毒劑的新配方，好避免君王們遭到毒殺（當時在羅馬皇室經常發生）。其中一份解毒劑配方包含 57 種成分，包括毒蛇肉。尼祿據說也是每天服用。一般解毒劑的配方後來在伊斯蘭國家學者間相當受歡迎，並且開始出現在西方世界中。有的配方據說在中世紀歐洲保護人們不受黑死病侵擾，到了文藝復興時期解毒劑產業更是興盛。

「威尼斯糖蜜」（Venetian treacle）正是其中一種受歡迎的解毒劑，以精緻的玻璃瓶銷售，價格低廉的版本則是在一般藥劑師手邊以便宜容器裝售。如果解毒劑沒有用，大家就會責怪藥劑師使用劣等成分，後來更有官員監管解毒劑的調配，成為日後現代醫學規範的實作環節。黑市裡的解毒劑版本則按照官方版本發展，解毒劑的標準配方在印刷術發明後變得容易取得。1618 年萬應解毒劑的正式配方由倫敦藥典（London Pharmacopoeia）出版，雖然當時有越來越多對其成分益處的眾多爭議。19 世紀以前，萬應解毒劑已不再受人喜愛。

裝萬應解毒劑的容器

羅馬軍團侵襲堡壘時，米特拉達梯咽下了最後一口氣。
因為對自製毒藥免疫，此位君王的守衛給予最後一擊。

顛茄植物彩繪

顛茄

顛茄（學名為 Atropa belladonna）為龍葵的一種（即茄科 Solanaceae），
是常見的致命龍葵，亦稱為 dwale、地獄漿果（death cherries）
或惡魔香草（devil's herb）。

簡介：

顛茄是高大灌木植物，其小型閃亮的黑色莓果通常會被誤認成水果。此植物含有有毒生物鹼莨菪鹼（hyoscyamine）、東莨菪鹼（scopolamine）與阿托平（atropine），是毒性很強的植物。即便輕輕碰觸到顛茄葉，也會使皮膚起疹子。顛茄的葉、根和果實，全都可以用來製作毒藥，早期獵人和採集者會把顛茄毒塗抹在矛和箭首上。中世紀時期，巫師會將顛茄毒混合熊脂抹在皮膚上，來產生飛翔的幻覺。文藝復興時期莎士比亞的《羅密歐與茱麗葉》裡，茱麗葉就是吸入顛茄來詐死。此時期在義大利，崇尚時尚的女性會使用顛茄製作的眼藥水，點在瞳孔上製造「眼睛擴張深邃」的外貌。此毒藥之所以得名 belladonna，該字在義大利文裡便是「美麗女人」的意思。

毒效：

顛茄主要的毒素是阿托平，是強效的抗膽鹼（anticholoinergic），會阻礙人體的乙醯膽鹼（acetylcholine）作用。乙醯膽鹼是一種神經傳導物質，負責神經系統和細胞內的信息轉換，而阿托平會影響到神經系統控制心臟和消化系統的部分。攝取少量的顛茄可以用來調整胃痙攣，加速心跳。不過高劑量會快速致命，雖然有人吃下 1 公克的果實仍然活了下來，但其實 1 顆果實也會致人於死。

中毒症狀：

顛茄中毒數分鐘內即可生效且會持續超過 10 小時，嚴重的話可能持續數天。初期症狀包括口乾舌燥、瞳孔放大、噁心與嘔吐。如果不加以處置，受害者會產生幻覺、精神錯亂（delirium）、走路搖頭晃腦與極度睏倦。嚴重致死時受害者會臉泛紅、呼吸不穩，末梢發冷。死前會立即出現昏厥和間歇性脈搏加速。

治療方式：

顛茄中毒的解毒劑是藥物毒扁豆鹼（Physostigmine），以提升乙醯膽鹼在人體神經系統的作用加以緩解。

著名毒害事件：

· 尼祿在公元 55 年以罪犯洛庫斯塔（Locusta）調配的顛茄藥酊，毒殺自己同父異母的弟弟布里塔尼庫斯（Britannicus）（詳見 P33-34）。
· 瑞士護士瑪麗‧金內瑞特（Marie Jeanneret）對顛茄相當著迷，甚至以身試法，在 1868 年毒殺了 7 名患者。
· 11 世紀時，蘇格蘭王鄧肯一世（Duncan I）以摻有顛茄的酒，毒殺由維京人斯汶‧納松（Svein Knutsson）帶領侵犯丹麥的軍隊。

約瑟夫．諾爾．席爾維斯特（Joseph-Noel Sylvestre）的畫作中，
洛庫斯塔以奴隸測試毒藥。

小阿格里皮娜與尼祿的家庭糾紛

古羅馬最出名的投毒者之一便是小阿格里皮娜（Agrippina），
她是克勞狄一世之妻、皇帝尼祿（Nero）之母。
小阿格里皮娜是名蛇蠍美人，她在剷除所有阻礙她的人之後，
引誘了克勞狄並嫁給了他，據說她也毒殺了前夫。

小阿格里皮娜曾是羅馬王后，她為尼祿奠定了成為國王的基礎，而方法就是投毒。

小阿格里皮娜並沒有深愛克勞狄，但這位國王卻為了娶她而不惜代價。他先是處死了前妻麥瑟琳娜（Messalina），修法讓亂倫合法，因為小阿格里皮娜其實是他的姪女。兩人結婚後，小阿格里皮娜剷除了任何威脅她地位、特別是曾效忠麥瑟琳娜的人。不幸的是，麥瑟琳娜為克勞狄生了一個兒子布利塔尼庫斯，而他是皇位繼承人。

經過一番說服，克勞狄領養了尼祿（後來改名為魯基烏斯）並立為繼承人。但克勞狄後來背信，甚至表明後悔一開始娶小阿格里皮娜為妻。當他著手為布利塔尼庫斯重拾繼承者大位時，小阿格里皮娜找來她最喜愛的投毒者，名叫洛庫斯塔的高盧女人。洛庫斯塔曾因投毒而坐牢，她答應王后協助暗殺克勞狄以交換自己的自由。

計畫很簡單：小阿格里皮娜會灌醉克勞狄，讓他放下戒備。然後給他吃最愛的食物蘑菇，同時洛庫斯塔確保克勞狄的侍從和試毒者無法待命，因為克勞狄此時會喝醉，所以他不會去管試毒者在不在。結果計畫相當成功，克勞狄狼吞虎嚥地吃完蘑菇料理後便抱著肚子喊疼。很快地，他出現痙攣並冒冷汗，不久就癱在地上掙扎想汲取更多空氣。這些中毒症狀常見於毒蠅傘（詳見 P11），所以克勞狄吃下肚的蘑菇可能摻有毒蕈。當時很快叫來醫生，並派人拿了羽毛刺激克勞狄的喉嚨讓他嘔吐。

儘管做了這些措施，但洛庫斯塔卻先發制人，那根羽毛已經事先浸過毒藥，蘑菇其實只是想讓克勞狄不舒服的詭計，實際上最後是羽毛殺死了他。這殺人計畫精準無誤地完成，克勞狄身亡。尼祿如今成為皇帝，但沒人對他的繼位有任何懷疑，據說當時元老們在尼祿唸出悼詞時也大肆竊喜。

不過如果洛庫斯塔以為毒殺克勞狄後就能獲得獎賞和回報，這可是大錯特錯。小阿格里皮娜讓洛庫斯塔做代罪羔羊，並且判處死刑。但洛庫斯塔的努力成果未被新任皇帝忽略，他仍然有同母異父的弟弟在威脅著他。更糟的是，小阿格里皮娜對於尼祿當時和一名平民女子克勞蒂亞·阿克特（Claudia Acte）來往非常不滿，甚至開始支持布利塔尼庫斯登基。於是尼祿做了決定，最簡單的方法就是找洛庫斯塔除掉布利塔尼庫斯，這樣就不會有人威脅他的王權。

洛庫斯塔一離開監牢後，便想到能在尼祿和小阿格里皮娜均會出席的晚宴上毒死布

利塔尼庫斯。宴會上，布利塔尼庫斯被供上如往常摻了熱水的酒，他的試毒者確實試喝了酒，但布利塔尼庫斯想用來冷卻酒的冷水並沒有試毒，這正是洛庫斯塔放的毒藥。

當代歷史學家塔西佗（Tacitus）記載，布利塔尼庫斯在地上掙扎，緊抓自己的喉嚨，在場有些賓客很快便離席，其他人則震驚地看著尼祿；尼祿冷靜地表示這是布利塔尼庫斯常見的癲癇發作，宴會可以順利進行。但這對於尼祿的母親而言，眼前的景況卻可怕至極，塔西佗回報：

「儘管小阿格里皮娜努力保持冷靜，但她還是透露出驚恐和憤怒，顯然她就如自己的繼女奧大維婭一樣被蒙在鼓裡。事實上，她知道自己已經杳無希望——畢竟弒母也不是新鮮事。」

於是尼祿下令晚宴繼續進行，但布利塔尼庫斯則被人攙扶到寢室，數小時後終因毒發身亡。小阿格里皮娜非常清楚尼祿要傳達的信息，他若下令無人能生還。如今布利塔尼庫斯已經逝世，尼祿會將目標轉移至家族其他成員，包括自己的母親在內。

首先尼祿奪走了小阿格里皮娜的所有頭銜、特權和權力，並將她驅逐宮廷之外。他接著要洛庫斯塔在不同的晚宴上對小阿格里皮娜施毒，這計畫失敗了三次，因為小阿格里皮娜在會前都先服下了解毒劑。有次晚宴後，尼祿借了艘已遭破壞的船給小阿格里皮娜，她在返回那不勒斯灣的途中船沉了，當時她奮力游回岸上。

最後尼祿刺死了自己的母親，據說他當時站在母親屍體旁邊，評論其外貌褒貶。塔西佗記載，占星家早已警告小阿格里皮娜，她的兒子在當上皇帝後會殺死她，當時她只回應「如果他真能當上皇帝，就讓他殺吧。」

洛庫斯塔

根據羅馬作家蘇埃托尼烏斯、塔西佗和卡西烏斯·迪奧留下的當代記錄，洛庫斯塔定居羅馬前，早在家鄉高盧習得投毒之術。雖然她對其他毒物多有涉獵，但據說更偏好顛茄。她的技術高超，尼祿甚至幫她設立毒藥學校，讓她協助自己毒殺布利塔尼庫斯。她在被尼祿後繼者加爾巴（Galba）公元 69 年下令處死前，獲得不少土地和金錢。洛庫斯塔並非古羅馬唯一的女投毒者，另外兩位是卡尼迪婭（Canidia）和馬提娜（Martina）。

作家赫拉斯（Horace）指出，卡尼迪婭擅長以蜂蜜混合毒芹，她甚至強悍到足以用牙齒撕開一隻羊。馬提娜據說曾毒殺提比留斯（Tiberius）的姪子兼養子日耳曼尼庫斯（Germanicus）。若他當時沒有被暗殺，日耳曼尼庫斯就會是皇帝，但後來王位傳給了他的兒子卡利古拉（Caligula）。為了躲避追捕，馬提娜利用藏在髮辮裡的玻璃瓶毒藥自殺，至今無人知道是誰下令毒殺日耳曼尼庫斯。

小阿格里皮娜半身像。尼祿最後殺死了自己的母親。

烏頭草植物彩繪

烏頭草

烏頭草是一種有毒生物鹼，有超過 100 種的烏頭屬（Aconitum）植物含有此活性成分。

其中最常見的種類便是歐洲烏頭（Aconitum napellus），其花部呈紫色兜帽狀，

有著厚實的塊根；此植物的別稱是附子（monkshood）、牛扁（wolfbane）和熊足（bear's foot）。

簡介：

烏頭草有「毒藥之后」的別稱，每個部分都有劇毒。根據神話，此植物源自 Aconitus 山區，也就是海克力士與黑迪斯的三頭看門狗刻耳柏洛斯（Cerberus）決鬥的地點。據說刻耳柏洛斯的口水滴在植物上後會使植物產生劇毒。莎士比亞曾在兩部劇作裡提到烏頭草：羅密歐在《羅密歐與茱麗葉》裡以此毒自殺，還有《馬克白》裡的「狼牙（tooth of wolf）」就是使用了別名牛扁的烏頭草。中世紀時，獵人曾以浸過烏頭草毒的箭來射殺狼隻，因此烏頭草也有「狼之剋星」稱號。烏頭草的結節狀根部經過謹慎處理後，中國和印度地區傳統中醫會用來治療風濕、神經痛、腰痛和心血管疾病。不過若沒有處理好，1 茶匙的根部就會對成人造成致命危險。

毒效：

烏頭草毒會破壞心臟細胞內傳輸鈉離子的幫浦，使心臟跳動不規律。毒素與這些幫浦結合會使幫浦處於「啟動」狀態，若沒有加以治療，心臟就會以不規律的方式縮放，隨後出現心臟病最嚴重的狀態「心臟停搏（asystole）」，且通常難以回天乏術。仰賴鈉通道的神經和肌肉細胞也會受影響，使肌肉衰弱和抽搐。吸入烏頭草毒後，可能會因為服用過量而死，快則數分鐘，久可能長達數天，只要幾毫克如芝麻粒大小的烏頭草毒，就能殺死一名成人。

中毒症狀：

烏頭草毒發的症狀發展非常快，包括嘴唇和喉部有灼熱或刺痛感，之後會大量分泌唾液、噁心、嘔吐、難以言語、喉部麻痺、呼吸困難和視覺模糊，再來就是暈眩、肌肉衰弱、幻覺和感知障礙，最後是心臟病發而死。

治療方式：

烏頭草毒沒有特殊的解毒劑，治療主要是支持而已。阿托平可以用來治療心跳過慢，也可以用活性碳來清洗腸胃。想穩定心率也可以使用其他藥物，緊急時候可以施行心臟繞道手術。

著名毒害事件：

· 2009 年，英國一名女性為了不讓先生娶更年輕的女人，在餐內咖哩投放烏頭草毒。39 歲的拉克維德·拉齊·奇馬（Lakhvinder「Lucky」Cheema）吃下由 45 歲拉克維爾·辛格（Lakhvir Singh）摻毒的咖哩後身亡。此為 1882 年以來英國首起烏頭草毒殺案。

· 1882 年，喬治·拉姆森（George Lamson）醫師為了繼承財產而毒殺自己 18 歲的小舅子波西·強恩（Percy John），最後被判絞刑。

古羅馬時期的鉛管

鉛

鉛是一種軟質的灰色金屬，本來就存在於地殼內，

但也能透過人工製造出來，例如挖礦、燃燒石油和加工製造。

鉛是很有用的金屬，因為室溫下其質地能彎曲或弄成不同形狀。

簡介：

自古以來，鉛就一直被運用在管道工程上。羅馬人特別偏愛這種金屬，不只是配管工程，他們的日常工具也大量使用了鉛。羅馬餐盤和杯具通常由鉛製成，其成分更被用在化妝品、壁漆和染髮膏、藥物及補牙材料上。羅馬人甚至以「鉛糖」讓酒增添甜味。鉛的大量使用，最後造成鉛中毒，這在羅馬帝國引發廣大爭議，特別是貴族階級之間。這些貴族大多有生育率低的問題，並且因鉛中毒引發慢性疾病。鉛中毒在現代也是一大威脅，特別是吸入鉛製油漆粉塵的孩子。這些油漆到了 1970 年代晚期仍在繼續使用。鉛中毒對孩童特別有害，因為鉛會阻礙骨骼和大腦成長需要的化學成分，嚴重損害孩子們的神經系統。

毒效：

鉛中毒通常是慢性中毒，因為少量的鉛會在人體內長時間積累但沒有明顯症狀。鉛中毒是累積性的，因為鉛可存留在骨骼裡長達 32 年，存在腎臟裡 7 年之久。慢性鉛中毒的來源很多，比如油漆粉塵、裝有鉛的容器、老舊電池、屋頂材料或單純就是經由空氣、土壤或食物而感染。長時間鉛中毒造成的影響會引發不可逆的大腦損害，尤其對孩童甚劇。高劑量鉛中毒會嚴重損害腎臟和神經系統，最後引發抽搐、失去意識和死亡。

中毒症狀：

慢性鉛中毒的初期症狀有易怒暴躁、沒胃口、便祕、抑鬱、腸胃疼痛、疲勞、性慾降低、失眠、記憶喪失、虛弱和末梢出現刺痛感，之後牙齦會出現藍色鉛線。急性鉛中毒的症狀包括嘔吐、腹瀉、嘴裡有金屬味、休克，還會出現排尿減少，伴隨肌肉虛弱、疼痛、刺痛感、頭痛、痙攣、昏迷和死亡。

治療方式：

簡單驗血即可知道受害者體內的鉛濃度，之後可施加螯合劑，以排尿排出鉛。嚴重、急性鉛中毒時通常以洗胃處理。

著名毒害事件：

· 貝多芬的骨骼和毛髮裡發現有鉛，這可能是他在 1827 年以年僅 56 歲逝世的原因。貝多芬一生病痛纏身，不僅容易憤怒，也受憂鬱之苦，這些很有可能都是鉛中毒的症狀。他生前看過很多醫生，但沒有人能夠協助他。他堅持自己死後要經過毒藥檢測，好讓其他人不因同樣病症受苦。

秦始皇

姓嬴名政始自目始皇乙卯即王位庚辰併天下稱皇帝
在位三十七年居王位二十五年即帝位十二年壽五十

十二

秦始皇肅清異己

公元前 220 年，秦始皇成為中國第一位皇帝。
他大言不慚地說自己的王朝將會留存萬世，之後就追求長生不老藥，
期望自己能親眼見證。

然而，比起獲得永生，秦始皇每天服用的藥物和藥劑幾乎要了他的命。

本名嬴政的秦始皇出生於公元前 259 年，他在中國史上留下幾個重要成就：統一中國、修築馳道，並搭建碉堡，連結起來蓋了長城。這位皇帝打造浩大的軍隊來拓增國界，同時奴役、閹割當地居民。據說秦王宮廷內確實有多名太監。

為了確保未來世代的子孫能記得他打造的強大軍隊，秦始皇下令以陶土複製每一位士兵，這支 8 千人的兵馬俑之後就被埋在秦始皇皇陵旁，直到 1974 年幾名農人挖掘出土。

秦始王據說是「虎狼心」、「鷙鳥膺」，他以暴君之姿統治天下，面對任何可疑的威脅也毫不猶疑處置，坑殺超過 400 位儒士，下令焚燒所有儒家書籍。雖然有一說秦始皇坑殺儒士是為了讓他們專心為他尋求永生，但他曾說過歷史是不重要的事。中國古代史學家司馬遷曾說，如果「秦王真能擁有全天下，那這世界將淪為其奴役。」

秦始皇花了龐大經費打造巨大陵寢，並下令將長生不老藥帶至他跟前。畏懼他的官員四處搜刮尋求，並以木片提筆回報，但都未能成功。某位官員曾說某處山上的草藥或許能成功，但很多派去搜索的人均未歸返，因為他們知道失敗的唯一下場就是處死。

同時，秦始皇找來數百位術士煉製長生不老藥，其中有許多危險的物質，例如水銀和砷。術士們持續搜尋長生不老藥，就連秦始皇死後超過 2 千年仍在進行中。秦始皇當時每天服用煉製的長生不老藥，但在公元 210 年他便因為水銀中毒而突發身亡。據說秦始皇輝煌的陵寢內部有涓涓水銀河流淌，至今尚未被發掘到。

左圖：秦始皇
右圖：秦始皇的兵馬俑軍隊

水銀

水銀（汞）是從地殼發現的金屬物質，化學符號為 Hg，
是唯一在室溫下還能維持液態的金屬。

簡介：

水銀是一種幾乎難以避免的毒素。我們的食物、空氣和水裡都有水銀，就連補的牙齒也含有此成分。據說成人每天會攝取平均 3 毫克的水銀，而人體內隨時都含有約 6 毫克。雖然這種劑量不足以造成永久傷害，但自上個世紀以來，人類或多或少會用水銀來調理尷尬的病症，例如便祕或梅毒。古代帝王會每天服用液態水銀當作長生不老藥，從印度、中國和埃及等古文明都能找到相關證據，甚至在古埃及墓地裡也能找到水銀的蹤跡。19 世紀，女帽製造商會用水銀來製作帽子，但通常也因此中毒。路易斯・卡羅的《愛麗絲夢遊仙境》（左頁插圖）裡的瘋帽了，靈感很有可能就是來自於此。

毒效：

水銀的毒性端看其型態。液態水銀低劑量時還可以忍受，身體可以排出，不會被腸道吸收。如果有攝取到水銀，需要一段時間才會真的引發中毒。相比之下，水銀氣霧就是會快速生效的水銀，經由肺部攻擊人體。急性水銀中毒會迅速損害呼吸道系統、內部器官和中樞神經系統，最後導致腦部、腎臟和肺部失能、肺炎、精神錯亂和死亡。

中毒症狀：

一開始症狀包含焦慮、記憶喪失和抑鬱，連同肌肉虛弱、噁心、手腳麻痺、呼吸和步行困難，接著出現嘔吐、顫抖、動作技能（motor skills）失常、手眼協調失常和方位錯亂。長期水銀中毒的症狀通常出現在口部，牙齦會有一層灰色薄膜，牙齒和牙齦會漸漸退化。另一個慢性症狀則是身體無法順利排出水分，因此尿流量很大，這是嚴重腎臟損害的徵兆。

治療方式：

可以經由注射解毒用藥 dimercaprol 來緩和急性水銀中毒，此種藥物會與重金屬結合。至於螯合治療（chelation therapy）則是將水銀從其他器官傳輸至血流中，經由尿液排出。

著名毒害事件：

· 1810 年，幾名登上凱旋號（HMS Triumph）與菲普斯號（HMS Phipps）的水手從一艘殘破西班牙船搜刮大量水銀後開始身體不適，其症狀包括掉牙、皮膚不適、分泌大量唾液和癱瘓。

· 1997 年，美國一位化學教授凱倫・維特哈恩（Karen Wetterhahn）在研究水銀多年後因為水銀中毒身亡。

· 2008 年，美國人托尼・溫內特（Tony Winnett）試著從電腦主機板搜刮黃金時，因為沾染水銀氣霧而死亡。他的住家因為水銀污染太過嚴重，最後必須拆除。

妖婦武則天

武則天曾統領中世紀中國超過 50 多年，
她的一生備受爭議，曾經只是宮廷內最低階的侍妾，
世人對其印象就是她是妖婦亦是篡位者，會利用色慾和毒藥來掌控權力。

根據某篇中國史書記錄，「她弒姊屠兄、殺死了皇帝、毒殺母親，被所有神明背棄，每個人都憎恨她。」

公元 624 年，武則天出生於富裕家庭，芙蓉年華時便成為唐太宗宮廷內第五階侍妾。她負責更換皇宮內的床單，據說她讓皇帝沉溺漁色，滿足他不尋常的性需求。太宗死後，武則天順勢與其子和繼承人高宗親近。根據當代歷史，武則天殺死了自己和高宗孕育的女兒，用計謀殺陷害其妻王皇后。高宗深信武則天的說詞，遵照她的建議拘禁王皇后和順位第一的侍妾。武則天後來順利成為皇后，下令讓王皇后等人斷手斷腳，並把她們的軀幹丟入酒桶，據說她當時表示「令此二嫗骨醉！」

武氏後來陸續剷除所有反對她稱后的人：有的處死、降級、流放或是逼其自殺。她的表親成為高宗寵妾時，這位皇后便毒死了她，還陷害其兄下令處死。隨著武則天不斷剷除皇宮中敵人，唐高宗也開始經常頭痛，生奇怪的病，最後於公元 683 年死亡。與其他中國歷代皇帝不同的是，高宗過世時只有武則天在他身邊。

武則天已經毒殺自己的兒子、皇位繼承人李弘，並把任何擋在她眼前的可能繼承人全都流放。雖然她其他的兒子皆當過皇帝，但其實她才是背後真正掌權者，直到公元 690 年正式稱帝。她實行鐵腕政治，組織祕密機構來懲治告密者，鼓勵朝臣們互相監視彼此，有誰做出不法之事便加以密報。

直至今日，仍有許多人認為武則天的統領受到當代歷史學家不公正的評斷，因為她只是一名女性，若是其他皇帝有同樣作為，其實不會受到如此詆毀。事實上，武則天是一位非常德高望重的女皇，她帶領中國歷經最輝煌的時期，但她的墓碑上至今未有稱號。對許多人而言，武則天仍然是毒殺仇敵、利用色慾掌權的妖婦。

武則天與將軍岳飛

唐代的武則天肖像

第二章 中世紀與文藝復興時期的毒藥

中世紀時，毒藥成為受歡迎的殺人方法。
這時期歐洲的神職人員記載了植物和動物性毒藥，
不過多是從古希臘文與羅馬文書裡剽竊來的內容。

這些記錄對當時大多文盲的人來說沒什麼用，他們多從村莊的治療師或女巫，甚至透過祈禱來施咒，還會用護身符和辟邪之物來抵禦奇怪莫名的疾病或超自然現象。同時，東方有阿拉伯煉金術師找到了史上厲害的毒藥之一：砷。經過萃取、蒸餾和結晶，使砷轉化成粉狀，這些煉金術師不但讓此毒藥變得無色無味，也開創了化學科學的發展。

因為粉狀的砷非常難偵測，便成為了文藝復興時期歐洲投毒者的愛用毒藥之一。此階段義大利的毒藥特別盛行，醫師、煉金術士和藥劑師會為貴族人士「從大自然三界：動物、植物和礦物」來準備毒藥。

砷是知名毒藥「坎特雷拉（La Cantarella）」的基底，此毒藥後來由教宗亞歷山大六世的家族波吉亞（Borgias）使用。義大利文藝復興時期史籍提到的其他毒藥包括蛇毒、斑蝥素（cantharidin）、烏頭草、毒芹和番木鱉鹼（strychnine），有的是由梵蒂岡十人團（the Venetian Council of Ten）雇用的自由殺手所用。「十人團」是政府的監管團體之一，其祕密活動包括殺掉會對政府造成威脅的人。1450 年，政府准令在米蘭公爵法蘭切斯科・斯佛爾札一世

（Count Francesco Sforza）的住處火爐內投放毒藥，想以此殺死他。這種方式應當會釋放毒氣，殺死任何靠近火爐的人，但暗殺結果並未成功。

隨著毒殺在義大利愈發盛行，此法也漸漸流傳到歐洲其他各地。義大利貴族凱薩琳・德麥蒂奇（Catherine de'Medici）被指控將毒殺風俗、高跟鞋和華麗的宮廷「宴會（magnificences）」帶入法國。凱薩琳在窮困生病的人身上測試毒藥效果，不過文藝復興時期也有出現經過科學方法試驗出來的毒藥。

文藝復興時期毒殺無所不在，引起醫師們的莫大興趣，特別是瑞士醫生帕拉切蘇斯。帕拉切蘇斯非常反對古代醫師的處方智慧，主張現代醫師要有豐富的化學知識。他最著名的事蹟是，一定劑量的特定化學成分可以決定其藥效和毒效。他曾說：「有什麼東西不是毒藥呢？一切都是毒藥，沒有東西是無毒的。」

為了迎接化學藥物的新紀元，帕拉切蘇斯亦被稱為「毒物學之父」。此時也出現大量探討毒物與其效果的科學論文，但相對於充滿女巫、巫師和黑魔法的邪惡超自然世界，毒藥要發展成為科學主流尚待時間。

此份 16 世紀的木刻展示
帕拉切蘇斯正在為患者動腦部手術

盧克雷奇亞・波吉亞

自滿的波吉亞家族

1503 年羅馬的某個 8 月夜晚，

切薩雷・波吉亞（Cesare Borgia）和羅德里哥・波吉亞（Rodrigo Borgia）被劇毒所害。

切薩雷躺在床上，因憤恨不平而面容泛紫，還出現有皮屑。

同時，被世人稱為教宗亞歷山大六世的羅德里哥，也因此毒藥身亡。他的屍體隔天被擺出來在羅馬人民前示眾，據報導那是「史上從未見過的最醜陋、像怪物般的屍體」。

有幾名忍受得了的哀悼者表示，他們看著死去教宗逐漸腐爛、呈現桑椹般顏色的面容，上頭盡是藍黑色斑點，「未曾見過如此可怕的景象。」文藝復興歷史學家拉斐洛・馬菲（Raffaello Maffei）的描述提到：「那是恐怖的景象，看著畸形、變黑的遺體，異常地腫脹且發出難以忍受的惡臭；他的唇部和鼻子滿溢褐色的口水，嘴巴大張，舌頭因為毒藥而吊掛在外，因此沒有任何狂熱者或信徒膽敢如往常般親吻他的雙足或雙手。」

除了恐怖的描述之外，羅德里哥之死最令人意外的是，他通常是投毒者而非被毒死的人。在他掌權的波吉亞家族下，謀殺是其眾多罪行之一，其他還有通姦、亂倫、強暴、買賣聖職、強盜和賄賂等。波吉亞家族的名聲就如其是殺人犯一樣稱名，他們不僅為了自己的野心而殺人，也因為憎恨而殺戮。

波吉亞家族最早來自西班牙，他們在 15 世紀時努力晉身成義大利政治界和神職菁英，擊潰其他原先領頭的家族如斯佛爾扎和麥蒂奇。1455 年，阿爾馮索・波吉亞（即教宗加里多三世）是首位成為教宗的波吉亞成員。當時他很快就顯現出對於外甥羅德里哥的喜愛，不僅讓他成為樞機主教，更培植他成為教皇。羅德里哥在 1492 年成為教宗，但他的統領非常腐敗，喪失了神聖的重要性，結果直接影響到後來的宗教改革（Protestant Reformation）。

羅德里哥當上教宗後，他讓自己年輕的兒子切薩雷成為樞機主教，其他有關係的人也各自有神職頭銜：他想打造一個永存的皇朝。之後羅德里哥更以女兒盧克雷奇亞（Lucrezia）聯姻來結盟。這位有著棕色眼眸的美麗女孩，成為許多肖像畫家的靈感來源。盧克雷奇亞也算是傾國傾城的妖女，據說她毒殺了自己誘惑不到的人，還與許多家庭成員有不當的關係，包括其兄長切薩雷。

坎特雷拉

坎特雷拉目前沒有已知配方，但據說這是一種混合磷、乙酸鉛（lead acetate）和砷的毒藥，有一說是還要添加斑螯素。另外，有個製作坎特雷拉的記錄提到，投毒者會在豬隻內臟灑上砷，任其潰爛，之後再把內臟榨乾，將剩餘腐臭的部分曬乾再製成粉末。

盧克雷奇亞據說參加了切薩雷和羅德里哥在梵蒂岡舉辦的祕密狂歡酒會，最著名的一場就是請來 50 名妓女作為賓客的「栗子宴會（Banquest of Chestnuts）」。

羅德里哥和切薩雷若不是尋歡作樂，就是通力合作想鞏固其統治和龐大的財富。身為神職之首，切薩雷將義大利北部城市收歸旗下，並與西班牙的裴迪南五世和伊莎貝拉一世結盟。至於那些沒有投靠或被征服的人都被謀殺，並且通常會使用以砷為基底的坎特雷拉劇毒來實行。

波吉亞家族成員據說都各自有其對敵人投放坎特雷拉的方法。切薩雷有一只獅首戒，底部是兩隻凶犬，可以刺傷受害者的手，加以施毒。羅德里哥也是以刺傷來投毒：他會邀請目標對象進入其書房，請對方以鑰匙幫他打開鎖住的櫃子，該把鑰匙有針，一旦對方拿了鑰匙就會被刺傷。

盧克雷奇亞則有一只附有暗蓋的戒指，可以偷偷將坎特雷拉倒入目標對象的酒水中。坎特雷拉據說帶些許甜味，所以不會被發現。參加波吉亞家族的晚宴通常是性命攸關之舉，不過最後正是因為策劃出槌，導致羅德里哥因此身亡。

1503 年一個悶熱的夜晚，羅德里哥與切薩雷均受邀出席阿德里亞諾・卡斯特雷西（Adriano Castellesi）（他們計畫除去的樞機主教）宅邸的晚宴。他們兩人帶了酒做贈禮，包括一瓶羅德里哥自己最後誤飲的毒酒。切薩雷看見他飲酒無事，便以為那是無摻雜毒藥的酒，於是跟著喝下，而這場意外最後殺死了羅德里哥，但切薩雷活了下來。不過他最終沒能當上教宗，於 1507 年死於西班牙。

波吉亞殘暴且醜陋的家族史經常受到現代歷史學家爭論，他們認為沒有太多證據能證實這些事。盧克雷奇亞近年才被認為是其父親施展野心的棋子，而波吉亞家族的投毒史據說也被誇大。但是盧克雷奇亞、切薩雷和其父親羅德里哥將永遠被當作投毒者，一名當代神職人員曾描寫羅德里哥「已將身心交付給地獄的惡魔」。

到底是何種毒藥，讓羅德里哥死時如此淒慘呢？現代理論指出他其實是因為瘧疾而死。另一個較有爭議的當代論述是他臉上那不尋常的桑椹色並非毒藥使然，純粹是因為在悶熱的羅馬夏日裡快速腐敗所致。

栗子宴會

波吉亞尋歡宴會亦稱為「栗子宴會」。根據當代教皇編年史家約翰・布爾查德（Johann Burchard）描述：「1501年 10 月的最後一晚，切薩雷・波吉亞在梵蒂岡的宅邸舉辦了一場宴會，找來了『50 位貨真價實的妓女』。她們用餐後與在場的人共舞，一開始有穿衣服，後來全身赤裸。他們將桌上還有蠟燭在燒的燭台放在地上，接著往地上灑滿栗子，赤裸的妓女們趴在地上，於燭台之間撿拾栗子，至於教宗、切薩雷和他的妹妹盧克雷奇亞，則在一旁觀看。最後將由與妓女互動最高的人奪得獎賞。」

約翰‧柯里爾（John Collier）1893 年的
《與切薩雷‧波吉亞共飲》（A Glass of Wine with Caesar Borgia），
描繪了一場可能非常危險的晚宴。

砷

砷是一種在地殼發現的灰色金屬物質，人體肌肉裡也有殘存或多或少的砷。

砷當成毒藥時，通常是以白色糖粉狀的砒霜（arsenic trioxide）出現。

簡介：

中世紀之前，砷尚不足以分解成單一成分，但其礦石——雄黃（realgar）和雌黃（orpiment）均為古代文明如亞述人、中國人和羅馬人已知用物。羅馬人特別懂得如何製造白色砒霜，並應用在驅蟲、藥物和毒藥上。砒霜加進食物或飲品時，不會改變顏色也沒有其他味道，反而會增添一點甜味。砒霜入酒是文藝復興時期歐洲最偏好的殺人方法。自古以來，少量的砷便被當成醫藥處方，更是 19 世紀時福勒氏液（Fowler's Solution）的主要成分。此藥液多半用來治療像是癲癇、皮膚病和梅毒之類的病症。古時候的砷也被當成染料用來調配出紅色和黃色，18 世紀晚期開始還可用其來調配非常漂亮的翠綠色。此翠綠色在後世 200 年非常受歡迎，被應用在各種東西上，包括壁紙、糖果裝飾和肥皂。

毒效：

砷當成毒藥時，會和人體細胞含有硫化物的酵素結合，關閉細胞的能量產製過程，使細胞缺乏蛋白質，阻止其修復。砷可以是氣態，稱為砷化氫（arsine），會破壞紅血球。人體內本來就有非常微量的砷，多半是以百萬分之一克來計量。

中毒症狀：

慢性砷中毒會出現搔癢、口部疼痛、沒有胃口、噁心、腹瀉和肌肉腫脹（特別是臉部和眼皮），最後會淤積體液。急性砷中毒的症狀則是嘔吐、腹瀉、足部麻痺、肚子疼、肌肉抽筋、異常口渴、排尿困難、昏厥、昏迷和死亡。

治療方式：

螯化物 dimercaprol 可幫助身體自然排出砷，因為其成分會與砷離子結合，幫助腎臟過濾，藉由血流排出。一吸入砷後馬上洗胃也是常見的治療方式。

著名毒害事件：

· 1840 年，法國人瑪麗・拉法基（Marie Lafarge）以砷毒殺了自己的丈夫查爾斯。她從滅鼠用的成堆砒霜裡拿取毒藥，然後以白麵粉取代。查爾斯的遺體為了要測試砷反應被挖掘兩次，最後還因腐爛必須以湯匙採樣。第二次出土檢驗時也測試到砷反應，瑪麗最後被判終身無期徒刑加上苦役。

· 查爾斯・達爾文每天服用福勒氏液來治療顫症，後來他因慢性疾病困擾多年，這可能是致病原因但並未被檢測出來。

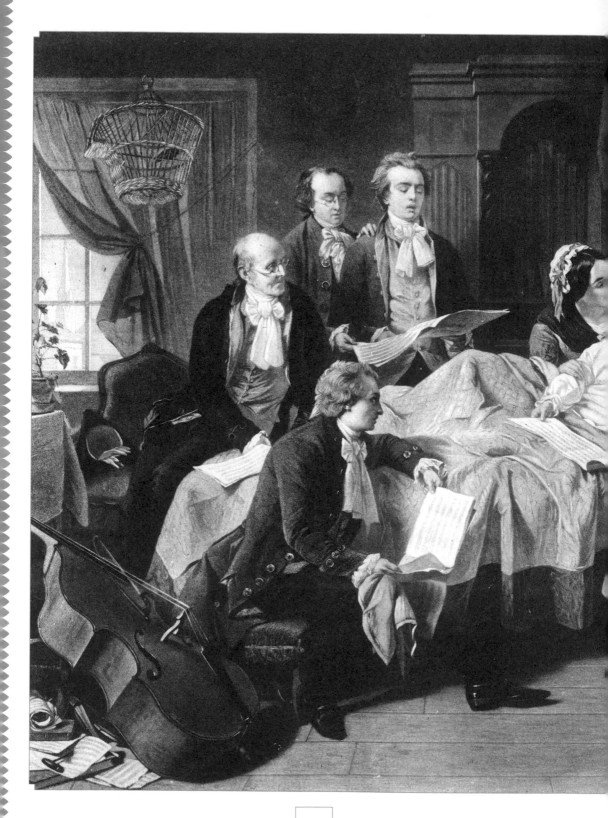

托法娜圈套

1791 年，沃夫岡・阿瑪迪斯・莫札特
（Wolfgang Amadeus Mozart）
苟延殘喘地躺在床上，堅信自己被下了毒。

「我活不久了，有人對我下了托法娜仙液
（acqua tofana），算計好我何時會死。」他說。
托法娜仙液是由義大利連環殺手茱莉亞・托法娜
（Giulia Tofana）製作的惡名毒藥，據說她曾毒
殺至少 600 人，但對女性來說她可以算是英雄。

文藝復興時期的義大利是高度父權社會，女
性沒有什麼權利，更沒有多少能耐可以抵禦丈夫
的暴力相向。任何身體、性和情緒暴力不僅不會
被懲罰，離婚更是不可能的事，對當時許多婦女
而言，死亡是唯一能解脫的辦法。

毒藥是很棒的暴力調解物，讓婦女得以在非
暴力的情況下殺死配偶。茱莉亞甚至以此為業來
幫助這些婦女。她以自己的名字調配出「托法娜
仙液」，只要正確使用，據說能讓投毒者精準地
算對目標死亡的時間。

這是托法娜仙液最厲害的地方之一，其毒發
的症狀類似進入末期的疾病，但受害對象仍有時
間可以做自己的身後事安排——對自己所犯之罪
懺悔，這在天主教義大利是不可低估的要事。托
法娜仙液無色、無味且難以偵測，莫札特深信自
己被此毒慢慢謀殺，儘管當時托法娜仙液早已失
傳多年。

與茱莉亞相關的資料並不多，但據說她是在
自己出生地西西里擔任藥劑師助手時，習得這些
技術。毒殺更是其家族事業，她的女兒們在成年
後也投其所好。茱莉亞的母親在 1633 年因為謀殺
親夫而被處死，這讓茱莉亞對於被糟蹋的女性深

有所感，特別是階級地位很低的女性，但她依舊接受從各種社會階級婦女幫忙轉介的個案。對這些身處水深火熱的婦女而言，茱莉亞是她們的朋友。

茱莉亞在那不勒斯和羅馬各有保養品店且生意做得很好，她利用這些場所祕密販售托法娜仙液。保養品生意是很聰明的障眼法，因為這款毒藥是粉末狀，可以保存在梳妝台內，不會引起任何懷疑。隨著茱莉亞的生意越做越大，障眼法也越來越高超。她後來以液態的方式製作托法娜仙液，裝在容器裡當成藥膏販售。茱莉亞的事業經營了超過 50 年，但後來一名慌張的客人使她鑄成大錯。

1651 年，茱莉亞的一名顧客在其丈夫的湯裡放入了致命劑量的托法娜仙液，但最後卻良心發現失守。當她把湯從丈夫眼前拿走時，丈夫想知道為什麼，最後這名婦女屈服一五一十地說了所有事情。

沒多久，羅馬教皇執法單位開始追緝茱莉亞，不過她可是許多人的好朋友。她曾一度躲藏在一間教堂內，後來出現茱莉亞在全市用水系統投毒的謠言，逮捕她的警力大幅增加。之後她終於被捕，被帶至審問者跟前，經過一番折磨後，她坦承自己在 1633 年至 1651 年間已經幫助毒殺超過 600 名男人。這數據精準與否至今仍然未明，因為這款毒藥使用可能流傳更廣，或者是因為其受脅迫而如此誇大。儘管如此，她的證詞最終還是成立，茱莉亞與其女兒和 3 名女性助手在 1659 年被下令處死。她的屍體被丟在曾庇護她的教堂圍牆上。有些托法娜的共犯也被逮捕，最後被關入普奇宮的地窖，直到終老死亡。

莫札特認為自己在茱莉亞死後 100 年仍深受其毒所害，這驗證了托法娜仙液的傳說。不過莫札特死時沒有做任何解剖檢驗，而死因據記載是「嚴重的粟粒熱（miliary fever）」（致命疾病的統稱）。至今的醫學專家則認為，莫札特的死因可能是因為鏈球菌（streptococcus）感染。

托法娜仙液

托法娜仙液一度被描述為「看似無害的液體，只需 4 至 6 滴，就足以殺死一名男人。」毒發初期症狀非常隱晦，只有最親密的人可能會注意到。

1890 年一份日誌曾記述：「由奉承的女背叛者放入酒水、茶或其他液體中，『此藥』的毒發症狀根本難以察覺；丈夫開始有點身體不適，感覺虛弱且倦怠，不過還不至於要找醫生……經過第二次服用後……這種虛弱和倦怠感逐漸增強……美麗的梅迪亞對於丈夫的不適似乎非常焦慮，難以啟人疑竇。她繼續依照醫生指示，親手準備丈夫的餐食。這樣她就能放入第三劑，讓再有精力的男人也無法起身。醫生對於自己開立的藥物無法調理這種小病感到非常疑惑，正當他仍一知半解時，梅迪亞繼續添加劑量，直到患者最後身亡為止。」

文藝復興時期的醫藥很難解救中毒的患者，因為他們會出現劇烈的嘔吐、腹瀉，口乾舌燥與腸胃灼痛。這類症狀通常與砷中毒類似，不過托法娜仙液本來就含有烏頭草、銻、鉛和斑蝥素。此種毒藥無法從血液裡偵測出來，雖然當時尚未實行解剖和毒物學報告分析。在茱莉亞‧托法娜被捕且毒藥被公諸於世之前，政府想當然爾不知道托法娜仙液的存在。

伊芙琳・德・摩根（Evelyn De Morgan）
1903 年的《愛情之藥》（The Love Potion）裡，
茱莉亞・托法娜正在製作毒藥混合液。

凱薩琳・德麥蒂奇

凱薩琳・德麥蒂奇的影響力

法蘭索瓦一世請凱薩琳・德麥蒂奇（Catherine de Médicis）嫁給他兒子時，
他以為這樣可以為保守的法國宮廷帶來些許義大利自由風氣的影響。

法蘭索瓦是知名道德敗壞的君王，為了酒池肉林他大肆揮霍，凱薩琳正是這股「新道德」風氣的倡導者，據說她曾涉獵黑魔法，之後更成為「國王的娼婦」。

自從法蘭索瓦一世於 1515 年登基，他便對天主教的保守主義感到不滿。他喜歡馬丁路德新教主張及不受限制的生活模式。他認為文藝復興義大利貴族那種富裕、奢侈才是正常的生活模式。

當時的義大利也以陰謀、醜聞和謀殺聞名。凱薩琳・德麥蒂奇於 1519 年出生於勢力龐大的佛羅倫斯家族，據說她一手將義大利的投毒文化帶進了法國。凱薩琳會在窮苦和生病的人身上測試毒藥，並且被控毒殺了自己丈夫的手足和洛林的樞機（Cardinal of Lorraine）。

凱薩琳初到法國宮廷時便以浮誇且豔麗的方式登場，與當時法國的文化鑑賞大相徑庭。她穿了通常只受妓女青睞的高跟鞋，身旁的隨行人員有占星師、鍊金術師和 9 名侏儒，這些侏儒甚至乘坐迷你馬車抵達。

凱薩琳以性慾當作鞏固交易和確認忠實對象的方法，她擁有約 80 位的女官（ladies-in-waiting），這一群「遠道而來的大軍」會以性愛交易政治利益。凱薩琳曾舉辦一場晚宴，她讓自己的大軍上空幫賓客上菜，餐後更讓她們為賓客提供性愛服務。凱薩琳也利用毒藥來剷除自己看不慣的人，她曾殺死自己身邊的一位占星師，甚至表明「他應該已經知道自己的結局」。

若說法蘭索瓦喜愛凱薩琳的伎倆，他的兒子亨利二世則對她不感興趣。亨利二世為自己的情婦著迷不已，甚至會在凱薩琳面前公然與她調情。這有一部分原因是因為凱薩琳無法生育；她曾試圖喝驢子尿或在私處抹上牛糞等療法來治療此症，但 10 年過去仍舊未果。不過後來她還是奇蹟地為亨利二世生了 10 個孩子，其中 3 個後來都成為法國國王。

然而，亨利二世未能活著看到此榮景，他在一次馬上長矛比試（joust）被長矛碎片刺入眼睛，最後引發敗血症而亡。雖然亨利二世當時身著情婦為其準備的衣服，但據說凱薩琳為他的死悲痛不已。

亨利二世過世後，他的兒子成為國王法蘭索瓦二世，但其母親凱薩琳・德麥蒂奇才是真正掌握王權的人。凱薩琳統領了法國史上最混亂的時期之一：宗教戰爭（Wars of Religion），是新教胡格諾派（Protestant Huguenots）與天主教之間的混戰，此戰爭讓法國深陷暴力，歷經長達 30 年的分裂。

十人團於 1310 年成立

　　凱薩琳的宗教容忍政策讓新教徒得以在家禮拜。她後來更安排將信奉天主教的女兒瑪格麗特與胡格諾納瓦雷王國（kingdom of Navarre）的亨利四世聯姻。凱薩琳邀請亨利四世的母親阿爾布雷特的胡安娜（Jeanne d' Albert）前來皇宮，並承諾不會傷害她的孩子。這位母親當時回信道，「原諒我，讀至此處時我覺得可笑，因為您要我感受我未曾有過的恐懼，我從來沒想過您真的如其他人所說會吃小孩。」

　　阿爾布雷特的胡安娜訪問皇宮後便答應聯姻一事，條件只有讓亨利四世能繼續維持自己胡格諾新教徒的身份。凱薩琳同意了，但兩位母親之間沒有再多的交流。阿爾布雷特的胡安娜對於自己和凱薩琳的會面曾說：「我已經和皇后有過三或四次的對話，她只會嘲笑我，將我說過的話顛倒是非，好讓我的朋友怨懟我。」

十人團

　　義大利最知名的投毒團體是威尼斯的十人團。其是專門處理任何抵抗威尼斯政府情事和犯罪的治理團體。他們對許多以投毒為主的暗殺者下令，當作謀殺工具來執行任務。通常這些殺人執行者出身於其他城市，由仲介給付薪資，並由政府贊助。他們殘忍的行徑均記載於一本薄薄的祕密手冊裡（Secretissima）。該本手冊也記錄了威尼斯醫生如何從感染的淋巴腺萃取毒藥計劃，將毒藥放入羊毛帽裡，殺死達爾瑪希亞（Dalmatia）的土耳其敵軍。

此時毒藥手套傳說開始出現，凱薩琳為法國帶來的眾多貢獻之一，包括了有香味的手套。這在當時是非常受歡迎的配件，因為皮手套的製作通常會使手套帶有濃厚的尿騷味或糞便味道，但義大利的手套反而充滿香料、香草和花朵精油如茉莉、鳶尾花和橙花香味。

根據歷史所記，凱薩琳將自己的一副手套送給阿爾布雷特的胡安娜，作為孩子們結婚前的友好之禮。不過就在她穿戴手套沒多久後，阿爾布雷特的胡安娜就過世了。新教徒很快控訴是凱薩琳殺死了他們的領袖——至今這謠言還是存在。據他們說，凱薩琳將毒藥加進了手套裡。

不論這故事是真是假，瑪格麗特和亨利四世依舊結婚了。但世人對那天的記憶並非婚禮，而是出席的胡格諾派教徒遭受血腥屠殺，也就是聖巴托羅繆節大屠殺（Saint Bartholomew's Day Massacre）。據說一開始是凱薩琳下令處死領導新教徒崛起的主角加斯帕爾‧德科利尼（Admiral Gaspard de Coligny），此場大屠殺兇殘野蠻，最後有數千人因此身亡。凱薩琳雖然確實成功在大屠殺時倖免，但卻無法抵擋法國人民的評價：直到死前，她一直是法國文化的荼毒者。1589 年當她死亡時，巴黎人更打算將她的遺體丟入塞納河，以此為最重的羞辱。

1572 年聖巴托羅繆節大屠殺

處死伊莉莎白一世

伊莉莎白一世統治時的世界，
充斥著反抗、謀反和各種暗殺行動，許多人都想殺死她。

其中天主教廷復辟、安頓伊莉莎白姊妹瑪麗，或是幫助外權入侵英國都是知名事件。毒殺是當時最常見的暗殺手法，其中一名暗殺者據說還是伊莉莎白的私人醫生。

伊莉莎白一世從還是英國貴族起，就已經習慣生活裡有多次的暗殺行動。她的姊姊瑪麗、諾福克的湯瑪斯·霍華（Thomas Howard of Norfolk）、法蘭西斯·索洛克摩頓爵士（Sir Francis Throckmorton）和安東尼·巴賓頓爵士（Sir Anthony Babington）合謀都想殺死伊莉莎白。教宗庇護五世也在1570年發布詔書，宣告伊莉莎白是異教徒，並威脅要將任何遵從她的人逐出教會，於是伊莉莎白便成為公認的暗殺對象。

事實上，因為有太多策謀暗殺伊莉莎白的事件，由男爵威廉·賽西爾（William Cecil）和佛朗西斯·沃辛漢姆爵士（Sir Francis Walsingham）為首的一群忠臣更共同簽署，誓言殺死任何用計謀害女王的人。因為沃辛漢姆最為忠貞，所以當他建議雇用私人醫生羅德里格·洛佩茲（Roderigo Lopez）時，女王也欣然同意。

洛佩茲出生於葡萄牙，他在倫敦聖巴索洛繆醫院特別傑出，其令人尊崇的研究「飲食、瀉藥與流血」直至今日也是很受歡迎的療法。雖然洛佩茲成為女王的醫師，但他在宮廷內被許多人認為不可靠，因為他是轉信基督教的猶太人，沒過多久就出現許多針對他的指控。

其中最嚴重的控訴，是埃塞克斯公爵羅伯托·德福洛（Robert Devereux）指控他是「最危險、終極叛國者」。羅伯托是伊莉莎白的寵臣之一，他討厭洛佩茲向他們共識的友人提到自己的性病。他提出的證據是他攔截了洛佩茲訂購珍珠的信件，信上有一行字指出「持有者會告訴你珍珠的價格」，他指控這正是洛佩茲接受暗殺女王的交易，而洛佩茲將毫不遲疑立刻執行。

因為這項控訴，洛佩茲遭受嚴刑銬問，住家更被間諜搜刮調查一番。他們向伊莉莎白坦承：「在這可憐之人的住家裡，找不到任何一絲與其控訴相關的書信線索。」在刑架上，洛佩茲則坦承接受西班牙國王要求毒殺伊莉莎白的5萬銀幣報酬。雖然他後來撤回這項證詞，但為時已晚：他被判英式車裂（hung, drawn and quartered）處死。

即便在絞架上洛佩茲仍堅稱自己是無辜的，更大喊自己敬愛伊莉莎白就如敬愛上帝一樣，但如此話語卻引發在場民眾一陣反猶太的訕笑。伊莉莎白統治下的英格蘭，為了國家安全可以限制個人自由，然而洛佩茲身為猶太人，以一個外國人而言，其身分儼然就引人懷疑。雖然沒有確切證據，但光是懷疑和偏見就足以予以定罪。

1627 年一幅羅德里格‧洛佩茲
與一位西班牙裔謀反者的雕版畫

1586 年，安東尼‧巴賓頓與其他 6 位謀反者
被執行英式車裂之刑

罌粟植物彩繪

鴉片

鴉片是從罌粟（Papaver somniferum）種子汁液萃取而來的致幻藥物。
罌粟生長於土耳其、阿富汗、緬甸、哥倫比亞、寮國、墨西哥、印度、巴基斯坦和泰國。

簡介：

古時，人們就會從罌粟裡萃取新鮮鴉片。只要在種子上切開，等汁液變成黃色後刮除曬乾，再把鴉片碾碎製成粉末，壓成塊狀販售或是加工來取得像嗎啡、可待因和海洛因等藥物，這些都屬於鎮靜劑（opiate）的一種。鎮靜劑是很有效的止痛用藥，而且非常容易上癮，是史上被廣泛使用且濫用的致幻藥物。公元前 3400 年左右，蘇美人稱罌粟為「快樂植物」；公元約 150 年，古希臘醫師蓋倫（Galen）以鴉片治療患者，羅馬人也將此藥物帶入前伊斯蘭時期的阿拉伯。從公元 6 世紀起，阿拉伯商人將鴉片引入中國和印度；16 世紀，醫師帕拉切蘇斯將鴉片酊（laudanum，鴉片的酊劑）重新帶回西方。一直到 20 世紀中葉至晚期，鴉片都被當成止痛藥和娛樂用致幻藥物使用。除非醫生開做處方用藥，許多西方國家後來更禁止使用鴉片。

毒效：

生鴉片可透過飲用、吞服或吸食取得。

19 世紀的鴉片酊

高劑量的鴉片會影響呼吸道和中樞神經系統功能低下，最後引起昏迷和死亡。呼吸道不適會引發氧氣被剝奪，最後會導致無法走路，接著是大腦和脊椎神經永久受損。習慣性攝取鴉片，會造成使用者身心俱疲，壽命縮短。

中毒症狀：

鴉片通常會影響大腦調節呼吸的部分，呼吸急促通常是使用過量時先出現的症狀。其他症狀還包括瞳孔縮小、噁心、嘔吐、便祕、脈搏衰弱、低血壓和脫水，之後還會出現心臟衰竭、呆滯、昏迷和死亡。

治療方式：

鴉片服用過量時會先洗胃，之後攝取活性碳，此成分可以在腸道和毒素結合後才排出。納洛酮（naloxone）是常見用來治療鴉片過量的解毒劑，可以逆轉呼吸道和中樞神經系統功能低下。

著名毒害事件：

· 查爾斯·狄更斯是知名的鴉片使用者，直到 1870 年因中風死亡之前，他一直都重度使用鴉片。19 世紀時，鴉片被廣泛當成止痛藥使用，由菸草商販售。

· 20 世紀晚期，哈羅德·希普曼（Harold Shipman）以鴉片萃取的嗎啡毒殺了近 250 人，成為史上謀殺最多人的連環殺人犯（詳見 P140-141）。

第三章 17 世紀與 18 世紀的毒藥

17 世紀以前，義大利和法國已有完善的毒藥學校，
任何社會階級都無法避免遭受毒殺的風險，貴族和皇族更是如此。

巴黎也是「拉瓦森（La Voison）」的來源地，此種毒藥的主要客戶包括國王路易十四身邊的核心成員。別稱為「繼承粉（inheritance powders）」，這類毒藥混合了砷、烏頭草和毒芹，以及毒性較不強的蝙蝠血、精液，偶爾還會添加嬰兒腸子。為了能成功暗殺國王，除了使用繼承粉毒殺，也會進行黑魔法儀式。

這時期下毒被視為超自然之舉，這種概念被當成受託於邪惡勢力，成為 17 世紀根深蒂固的信念。眾人特別懼怕巫術，而歐洲巫術的核心正是使用帶有劇毒的植物，包括莨菪、顛茄、曼陀羅和曼陀羅草（mandrake），這些植物在儀式和儀典中被當作迷幻劑使用。通常這些植物會被製成膏藥，塗抹在敏感的身體部位，例如直接塗抹在性器和肛門粘膜上，接著在「載具」如掃帚柄上抹上藥草做的膏藥；據說這能給予女巫們「飛上女巫安息日」的能力（詳見 P10）。特別是莨菪這種毒藥，如果攝取的量不足以中毒，則會提供使用者一種飛離地面的感覺。

在歐洲，有無數女性因為這類犯罪而被控施加巫術而遭受火刑。為了抵制這種火刑燒巫的情況，路易十四發布官方命令，斷絕任何致命迷信風俗，包括家中飼養黑貓也代表其飼主操作巫術等。

儘管歐洲處死女巫的風氣漸衰，但在美國麻省小鎮塞勒姆（Salem）卻反而達到高峰。獵巫從該鎮居民發起，許多居民的女兒開始出現邪惡徵象：發出奇怪囈語、肢體出現詭異的動作，但其實這可能是因為意外中了麥角毒所導致。

意外中毒一直都是很危險的事：美國維吉尼亞州詹姆斯鎮的英國士兵，在吃完曼陀羅葉沙拉而中毒，導致軍事行動受阻，使得當地拓荒者為之欣喜。舊世界與新世界使用的毒藥，這兩者之間的關聯在下一個世紀成為焦點，大西洋兩岸的殺人犯也開始以古老的毒藥「砷」來犯案。

在黑魔法儀式中，巫師們會調配毒藥，在空中飛翔

薩德侯爵下藥

1772 年 6 月某個夜晚，薩德侯爵（Marquis de Sade）讓許多馬賽當地的年輕妓女，經歷了充滿性與暴力的夜晚。

為了讓女人對於雞姦、鞭笞和低俗的性事更順從，薩德會拿出水晶盒，裡面裝滿了用斑蝥素包覆的巧克力。但這些糖果卻沒能真的如計畫當作春藥使用，反而毒死了妓女。

為了逃避警察追緝，薩德和僕人兼性虐待犯案同夥拉圖（Latour）逃到了馬賽。不過，這並非薩德侯爵的第一起性犯罪事件：這位法國貴族的墮落名聲，早在 4 年前的羅絲‧凱勒醜聞案（Rose Keller scandal）昭然若揭。

凱勒是名 36 歲的寡婦，已去世的丈夫從事麵包師工作。她當時在巴黎的勝利廣場（Place des Victoires）外乞討，薩德看見她站在路易十四的雕像下，穿著白色翻邊袖口灰色夾克，倚著拐杖，便上前邀請她到家裡打掃。薩德載著女子抵達阿爾克伊的住家，然後拿出刀子威脅她，強迫她脫光衣服、臉朝下，並且將她綁在床上。薩德鞭笞她，還用熱燙的蠟滴在傷口上，強暴了她。薩德侯爵之後將凱勒鬆綁，在傷口上塗抹膏藥，凱勒趁機從二樓的臥房逃脫，跑進附近的村莊。她將自己的裙子拉開，讓幾名村婦

上圖：薩德是地方行政官之子，為人放蕩。
左圖：被長角、有翅膀惡魔包圍的薩德侯爵。

檢視自己的傷口，之後薩德便遭到逮捕。

不過薩德家族勢力龐大，他們同意接納薩德的行為，以金錢打發凱勒，薩德因此免於坐牢。革命前的法國，貴族一直都採取這種方式，只要有金錢和影響力，就能讓這些人犯下更糟糕的罪行（比如綁架、虐待乞討者）還能安然無事。薩德的行為對其家族來說已經不怎麼稀奇了。

全名唐納提安‧阿爾馮斯‧佛朗索瓦（Donatien Alphonse François）的薩德侯爵，出生於 1740 年 6 月 2 日，因為他在耶穌會寄宿學校就曾被鞭打處罰，因此他自小就熱衷於鞭笞。他在自己的文學作品裡就生動地表述了自己對於鞭打、性暴力的熱忱，因此也出現了「薩德主義（Sadism，性虐待之意）」這個詞彙：透過加諸在他人身上的痛苦而性慾高漲的性心理異常。

修完學業和 9 年的軍旅生涯後，薩德娶了富有的行政官女兒勒內佩拉吉‧蒙特勒伊（Renée- Pélagie Montreuil）為妻。他開始變得放蕩不羈，甚至在蜜月沒幾週後就開始性虐待妓女。一晚在馬賽，薩德要求拉圖找來 4、5 位「非常年輕」的妓女，他以為自己提供的斑蝥素糖果可以讓這些女人卸下所有束縛，但其中 2 位卻出現嚴

重胃痛、難以自持的排尿狀況，甚至吐出黑色液體。隔天，另外 2 名妓女告訴警方，一名貴族男士試圖以水晶盒內的巧克力毒殺她們。

法國法庭以性虐待、毒殺未遂和道德淪喪等罪控告薩德和拉圖，於是主僕倆逃至義大利。他們被判有罪，但因他們不在法國，所以用了兩個稻草人雕像來演示絞刑。兩人後來被逮入獄，但很快就逃了出來，躲在薩德位於拉寇斯特的莊園。「薩德主義」並未因此消止，薩德之後又對 6 名青少年實行長達 6 週的恐怖虐待，將他們關在地窖，而且虐待情事大多在其妻勒內佩拉吉注視下完成。

當地村民深知薩德「殘忍狡詐」，其中一位居民曾在薩德染指自己的女兒時試圖射殺他。薩德的所作所為終於讓丈母娘蒙特勒伊夫人受不了，她請國王發布通緝令，好讓薩德永遠被監禁。薩德最後於 1777 年被捕，坐了 29 年的牢，最後進了精神病院。

儘管被關在巴黎的文森城堡（Château de Vincennes）和巴士底監獄，薩德仍致力書寫情色文學，他更自白這些內容太過極端因而難以出版發行。薩德被允准保有貴族特權，得以擁有書籍、美食和其他享受。他在 1789 年的巴士底事件中獲釋，更在國民公會（National Convention）獲得一官半職。薩德在擁有一段自由時光後於 1801 年被捕，並因其匿名出版文學作品《於斯丁娜》（Justine）與《於麗埃特》（Juliette）而直接入獄，法國國王拿破崙‧波拿巴更以「厭惡至極」譴責他。

薩德最後在查倫頓精神病院（Charenton insane asylum）度過餘生，他在住院期間創作，並與院友共同出演自己的劇作。他於 74 歲時逝世，雖然破產身無分文，但始終毫無悔悟之心。他臨終的願望是不希望以基督教方式下葬，但沒有被採納。其遺體最終被火化，好讓骨相學能利用他的頭顱做研究。目前在巴黎的人類博物館（Museum of Man）就藏有其頭顱石膏模型，革命領袖馬克西米連‧羅伯斯比（Maximilien Robespierre）與拿破崙的模型也收藏於此。

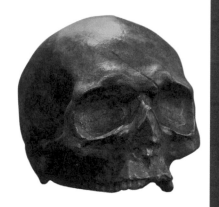

薩德侯爵頭顱的青銅模型

毒藥還是春藥？

斑螯素或西班牙蒼蠅是古時候用來刺激性慾的眾多成分之一。古代亞述文化的楔型板上，就曾提到春藥植物包括刺蕁麻根（stinging nettle）、紅罌粟與阿魏（asafoetida）。後者是一種帶有刺鼻香氣的樹脂，通常被當成烹飪用香料。古代印度文化使用的春藥還包括鱷魚卵、燒焦的珍珠和蜥蜴眼睛。在中國，犀牛角粉至今仍被使用，非洲則有傳統的春藥育亨賓（Yohimbine）。這是一種從育亨賓樹萃取的成分，可以刺激神經系統，提升男性勃起功能，不過使用過量則會造成盜汗、噁心、嘔吐和死亡，而斑螯素也有類似症狀。正如許多尚未規範和亂用的成分，春藥使用過量反而會成為愛情毒藥。

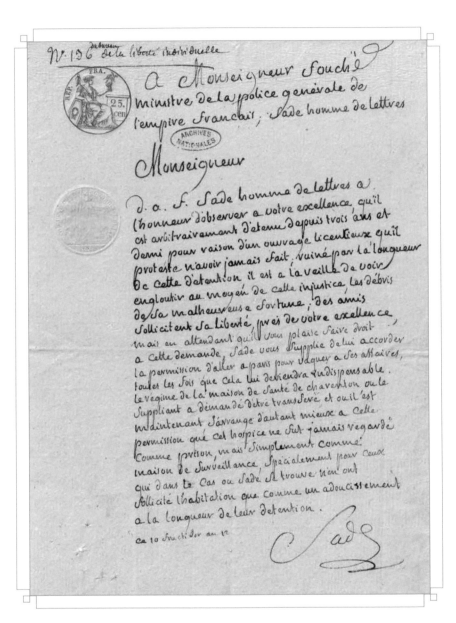

薩德侯爵寫給警政部長富歇（Monseigneur Fouché）的信件，
信中內容請求能暫離監獄，擁有外訪巴黎的自由。

上圖：碧綠色的水泡蟲

右圖：含有斑蝥素的「春藥」

斑螯素

斑螯素要從水泡蟲（blister beetles）擷取，特別是碧綠色的水泡蟲（學名為 Lytta vesicatoria），也稱為西班牙蒼蠅，為此毒藥俗名的由來。

簡介：

　　斑螯素自古代就被當作春藥使用，作法是將水泡蟲的乾燥屍體壓碎製成粉末。此毒藥最主要的成分是斑螯素，為水泡蟲專門用來抵禦敵人的化學物質。用在人類身上，斑螯素會使血管充血，造成腎臟和尿道不適。斑螯素可讓男人重振雄風，女人在性交時若陰部感到不適則會舒緩。不過歷史已經證實斑螯素是危險且不可靠的物質：薩德侯爵為了縱慾，以此藥毒害 2 名妓女，而高劑量的斑螯素也造成了多起死亡案件。斑螯素的副作用是長時間異常勃起，導致陰莖永久受損和勃起失能。時至今日，斑螯素被當作少劑量的局部用藥，但除非是遵照嚴格控管指示開處方，一般多列為「問題用藥」。

毒效：

　　斑螯素是一種發泡劑或氮芥劑（blistering agent），只要 10 毫升或以上就可能致命。如果吞食，即便是短暫接觸也會從體內往皮膚急速發作，使腸道出現嚴重出血以及腎臟失能。1810 年首次分離出化學成分斑螯素時，化學家皮耶・簡・洛比奎特（Pierre Jean Robiquet）便宣布這是一種僅次於番木鱉鹼的可怕毒藥。斑螯素是否為毒藥的正式檢測於 1880 年才出現，過程包括藉由高溫來減少死人身上的胃液，這種密集萃取方法之後沿用在健康皮膚上再加以包紮，如果幾小時後皮膚開始快速起作用，那就代表確實有斑螯素存在。

中毒症狀：

　　斑螯素會使任何接觸到的有機體產生不適。若吞食，即便只是 2 毫升也可能使嘴部、喉部和胃部灼傷，之後出現嘔吐及帶血的腹瀉。高劑量會導致心臟和腎臟衰竭，昏迷和死亡。

治療方式：

　　目前沒有任何解毒劑能治療斑螯素中毒，大量喝水可以稀釋毒素。

著名毒害事件：

· 1954 年，倫敦一間公司主管亞瑟・福特（Arthur Ford）意外殺死了工作夥伴貝蒂・格蘭特（Betty Grant）。他在她的甜食裡添加了斑螯素想色誘她，結果他們的另一名同事梅林斯小姐（Miss Malins）也吃了甜點後死亡，福特最後坦承不諱被判刑入獄 5 年。

· 根據古羅馬作家塔西佗所述，奧古斯都之妻莉薇亞（Livia）在晚宴賓客的食物裡摻了斑螯素，好讓他們公然做出敗壞風俗的不雅之舉，以便之後用來脅迫。

被施以水刑的布林維利耶侯爵夫人

投毒事件

1676 年，路易十四宮廷裡的布林維利耶侯爵夫人（Madame de Brinvilliers）
因投毒而被判謀殺罪。

藉由把人綑綁在木輪上浸入水中的水刑，布林維利耶坦承自己殺了丈夫、父親和手足，好繼承家產。她在被砍頭、處以火刑之前，暗示法庭有其他貴族也做了類似的事，投毒事件就此展開。

布林維利耶侯爵夫人的自白，讓當時辦理幾起神祕死亡案件的法庭掀起一大波瀾。既然有謀殺嫌疑，太陽王路易十四立刻下令組織「火焰法庭（Chambre Ardente）」委任調查。帶領組織的是巴黎警長加布里埃爾·尼可拉斯·德拉雷尼（Gabriel Nicolas de la Reynie），他迅速訊問了算命師、鍊金術師和曾擔任過牧師的人，調查投毒者曾經將春藥販售給法國貴族的事。

其中最顯著的人名是暱稱「拉瓦森」的凱瑟琳·蒙瓦森（Catherine Monvoisin），她自詡是毒藥供應者兼女魔法師。拉瓦森被逮捕訊問之後，坦承自己曾批發販售毒藥、藥劑和藥粉給貴族，其中包括路易十四身邊的人。好在拉瓦森自己也保留了一份顧客名單，而讓路易十四頭痛的是，該份名單當中有他以前的寵妾蒙特斯潘夫人（Madame de Montespan）。

這位國王一向有許多紅顏知己，但她們大部分都被蒙特斯潘給剷除。這位美貌與智慧兼具的妖婦老早就贏得國王的心，路易十四曾將各種豪奢的珠寶、豪宅專贈給她，

除了其他知己之外，專寵於她——直到她為國王生下第 7 位私生子為止，因為擁有 9 個孩子的蒙特斯潘再也無法恢復姣好身材。

路易十四對這位身材臃腫的寵妾感到厭煩，尋找新歡只是時間早晚的事。所以他把眼光放在馮唐潔夫人（Mademoiselle de Fontanges）身上時，一點也不令人感到意外。馮唐潔被描述成「胸大無腦的天使」，讓國王留下了深刻的印象。他開始會穿上繡有蝴蝶結的外套來匹配她的洋裝，甚至送給她龐大的年金，最後還給她新頭銜。沒過多久，皇宮裡的女性全都弄了「馮唐潔」髮型，這位新寵妾最後更懷有身孕。蒙特斯潘認為馮唐潔的髮型「品味很糟」，並對她憤恨不滿。根據拉瓦森的證詞，這正是蒙特斯潘決定不只要毒殺馮唐潔，也想殺死路易十四的時刻。

這並非蒙特斯潘首次以操弄心智的物質來提升自己的地位：她是拉瓦森的常客。拉瓦森告訴「火焰法庭」，蒙特斯潘多年來一直向她購買春藥，甚至還施以黑魔法儀式，只為了穩固國王對她的青睞。後來隨著馮唐潔懷孕的消息傳出，蒙特斯潘便給拉瓦森一筆財富，讓她毒殺這位寵妾和國王。

拉瓦森為馮唐潔設計的謀殺方法是：送給她一套加了毒藥的洋裝和手套；至於國王，毒藥則是用來浸泡請願書，也就是向國

LE PORTRAIT DE LA VOISIN.

Source de tant de maux maudite creature
Qui par mille poisons destruisois la Nature,
Si la parque en filant tes detestables jours
A fait regner la Mort, en prolongeant leurs cours,

凱瑟琳‧蒙瓦森即是「拉瓦森」

王有所請求的信件當中。但就在拉瓦森即將實踐毒殺計畫前，她就因為布林維利耶投毒案而被加布里埃爾・尼可拉斯・德拉雷尼警長逮捕，因此謀殺計畫很快曝光。

拉瓦森的自白和她的女兒們引發火焰法庭掀起一陣獵巫潮，最後逮捕並處死了據稱與魔法或毒殺相關的 36 人。拉瓦森最後被施以火刑，約 34 名社會地位崇高的貴族人士被流放，而路易十四於 1682 年頒布了皇家命令，禁止魔法、毒藥和任何使用與其有關的人。

至於蒙斯特潘夫人，有消息指出她給國王服用愛情靈藥，好讓這位國王允准她的請求。他經常為身體上的病痛所苦，比如每次和蒙斯特潘共度春宵後就會頭痛欲裂。儘管有這些證據，他還是無法讓以前的寵妾和自己 7 個孩子的母親被處以火刑。後來她被流放，與一群修女團度過最後的 17 年餘生。

馮唐潔夫人最後並未能為路易十四生任何孩子，她流產兩次，最後因為生了超過 1 年的怪病而死亡。宮廷自然假設蒙特斯潘的暗殺計畫成功，但解剖報告卻顯示毫無中毒的痕跡。加上當時沒有足夠證據可以說服輿論，因此也沒有多少人懷疑馮唐潔是被毒殺而死。

路易十四與蒙特斯潘夫人

毒藥與買家

投毒事件揭發了製作販售愛情靈藥、魔法符咒、咒語和常見的「繼承粉」地下犯罪世界。這些東西主要是由貴族使用，包含白金漢公爵（Duke of Buckingham）與盧森堡公爵（Marshal of Luxembourg），用來引誘、獲取財政利益、消除敵手。

這些活動的中心是女魔法師、算命師兼墮胎手術師拉瓦森。她會穿著繡有金鸞的紅絲絨長袍，由畸形的前神父艾蒂安・吉布（Étienne Guibourg）從旁協助。雖然命令是要折磨拉瓦森獲得證詞，但她在訊問期間喝了酒，且份量多到讓她口齒不清，在她伏法之後，拉瓦森的女兒也進一步協助火焰法庭調查。

繼承粉

路易十四宮廷裡貴族拿到的「繼承粉」，是砷、烏頭草、顛茄與鴉片的混合物。這種混合物據說源自托法娜仙液（詳見 P55-56），也就是幾 10 年前在義大利發明的產物。蒙特斯潘給路易十四服用的愛情靈藥內有蝙蝠血、斑蝥素、鐵製填充物、經血和精液。還有一派說法是這些混合物還包括嬰孩的腸子、血與骨，在進行犧牲嬰孩的黑魔法儀式後，將其碾壓成粉。艾蒂安・吉布也證實當蒙特斯潘和拉瓦森進行儀式時他人在現場，蒙特斯潘的肚子上更在嬰孩被除去內臟時劃上了十字。

塞勒姆審巫案

1692 年，美國麻州塞勒姆村有 3 名年輕女孩
開始出現像是被惡魔附身的詭異症狀。

伊莉莎白・帕瑞斯（Elizabeth Parris）、艾比蓋兒・威廉斯（Abigail Williams）與安・普特南（Ann Putnam）出現癲癇、尖叫、喃喃囈語、身體蜷曲成不自然的姿態。訊問這些女孩時，她們怪罪 1 名加勒比海來的奴僕、乞討者和 1 名臥病不起的老人，使她們有這些症狀，指控罪名是：操作巫術。

獵巫一向是歐洲才有的現象，一直持續到 17 世紀。14 至 18 世紀期間，歐洲有數萬名女性因此罪被處死。然而，就在歐洲獵巫狂熱逐漸減退時，塞勒姆這個紛爭不斷的村落竟然開始這種風氣。

塞勒姆是一個貧富差距很大的村莊，在國王威廉三世主導的英法戰爭下，此村難以處理大量湧入的難民，而支持新地方官薩繆爾・帕瑞斯（Samuel Parris）和反對他的人之間，也開始出現分裂教會主義。

帕瑞斯強迫自己的女兒伊莉莎白和姪女艾比蓋兒坦承，家中的奴僕提圖巴（Tituba）連同乞討者莎拉・古德（Sarah Good）和寡婦莎拉・奧斯朋（Sarah Osborn）對她們施行巫術。

奧斯朋和古德否認這項指控，但提圖巴經過重重拷問後，坦白了審訊者們想聽到的話：她與惡魔達成協議，惡魔讓她在書上簽名，當時書上出現了古德、奧斯朋和其他 7 個人的名字。

瘋狂的事情接踵而來，更多的塞勒姆女孩開始出現異常，其中 12 名被控巫術罪，她們當中更有人是有頭有臉的居民。村莊的傳統價值出現分歧，被控告者被迫在未得到法律諮商前，在 7 位審判者前捍衛自己，而這場獵巫審判也持續了數週。

「幽靈證據」的認同，意味著受害者可以指控被告的「幽靈」毆打、扯咬著他們。更戲劇化的是，那些受害者會在每次被告立場堅定時，出現低泣、說話模糊不清且扭動翻滾的樣子。那些坦承或供出其他女巫名字的人可以逃過死刑，堅持自己清白的人則會得到慘痛的懲罰，只有少數人膽敢對審判的不公發表意見。一共有 19 名女性被處以絞刑，1 名老人被卡在極重石頭間壓迫致死，有 5 個人以上在監禁期間死亡。

1702 年，政府當局宣布塞勒姆獵巫審判不合法，經過一番深省之後，有些人想為塞勒姆女孩們碰到的狀況找尋科學診斷。後來有個理論是她們深受麥角中毒所苦，因為吃下已遭麥角感染的黑麥因而導致中毒。麥角中毒會造成發作、窒息和幻想，不過這依舊解釋不了塞勒姆村的行為，也就是領導者在未經過法律審判下就指控、殺死當地居民。

19 世紀一幅畫作生動地描繪塞勒姆獵巫

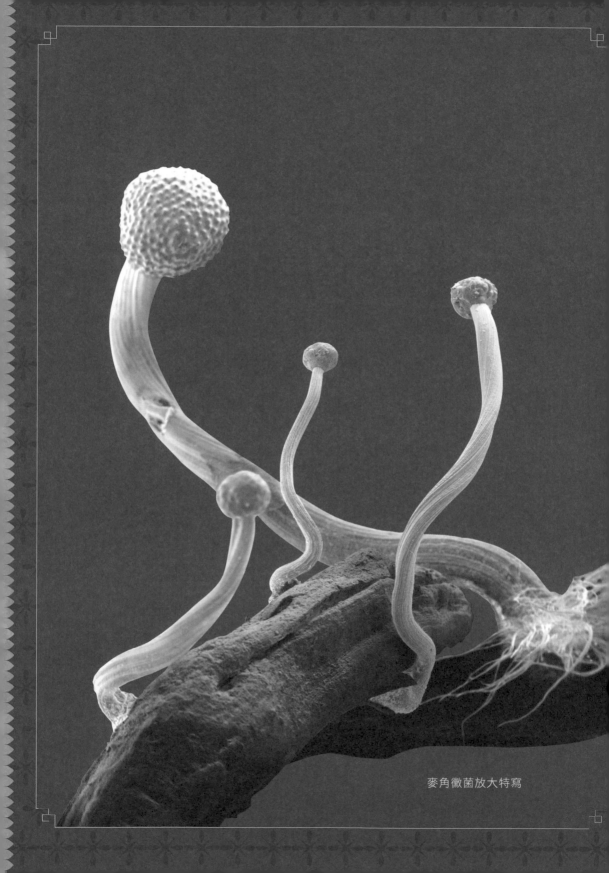

麥角黴菌放大特寫

麥角

　　麥角是麥角菌屬（Claviceps）的黴菌，會感染小麥、黑麥、大麥和其他穀物。其中最常見的為麥角菌（Claviceps purpurea），人類使用它來產生麥角中毒的現象。

簡介：

　　時至今日，我們所想的中世紀歐洲就是充斥病症的一塊大陸。黑死病、聖安東尼之火（St Anthony's Fire）以及聖維特斯舞蹈症（St Vitus's Dance）陸續影響各地城鎮，使得各地人口大量減少。聖安東尼之火的受害者深受痛苦，身軀發黑以致最後失去手指、腳趾、雙手雙足。聖維特斯舞蹈症則是引發抽搐、幻想、窒息感和身體奇怪扭曲，受害者看起來就像被惡靈附身。如今，我們知道這兩種疾病和中世紀時期的病症——可能還包括黑死病，實際上都是因為麥角中毒所導致。現在也已被證實北歐和美洲等流行巫術的地方，大多都以黑麥當作主食，顯然比起因巫術或惡靈侵擾，這些被獵巫而迫害的人，其實都只是麥角中毒的受害者而已。

毒效：

　　麥角中毒有兩種情況，驟發性麥角中毒和壞疽性麥角中毒。此二者皆是由麥角產生的四類有毒真菌生物鹼「黴菌毒素（mycotoxins）」導致。任一種引發幻覺的黴菌毒素屬於驟發性麥角中毒，除了會出現兇暴動物和血流成河的幻想，還會有劇烈抽搐。壞疽性麥角中毒則是中斷血管的血液輸送，使肌肉組織壞死、感染，增生壞疽，導致肢體脫落。麥角中毒演變到最後就是死亡。

中毒症狀：

　　驟發性麥角中毒的症狀包括痙攣、癲癇、腹瀉、慢性發癢、痛苦扭動、搖頭晃腦、噁心和嘔吐，之後還會出現錯覺和幻想。更常見的壞疽性麥角中毒，其症狀包括麻痺、肌肉抽搐、脈象微弱、皮膚有灼熱感、身軀發黑，最後就是失去所有的感覺，增生壞疽。不過，通常不會同時感染驟發性和壞疽性麥角中毒。

治療方式：

　　麥角中毒沒有解毒劑。驟發性麥角中毒根據症狀可以提供鎮定劑，還可以用抗凝血劑（anti-coagulants）和血管擴張藥（vasodilators）來重新調整血流量。

著名毒害事件：

· 維京薩迦（saga）文學作品《挪威王列傳》（Heimskringla）中，挪威王麥格努斯·哈拉爾德森（Magnus Haraldsson，即奧拉夫三世）在黑斯廷之役（Battle of Hastings）結束後幾年，因為麥角中毒身亡。

· 1951 年，法國蓬聖埃斯普里（Pont Saint Esprit）有 4 千名居民據報因為有幻覺、嘔吐、身軀灼熱感和抽搐而發瘋。最後證實其是因麥角中毒而起。

· 857 年，歐洲爆發黑死病時受害者身體出現水泡和腐爛，據說這也是因為麥角中毒。除此之外，有些人更懷疑 14 世紀造成歐洲人口銳減的黑死病，其實不是淋巴腺鼠疫，而是麥角中毒導致。

詹姆斯頓中毒事件

1676 年，英格蘭國王查理二世收到美國殖民地傳來的紛擾消息，
維吉尼亞州出現武裝起義，其首府詹姆斯頓也淪陷。

為了平息叛亂、重整秩序，查理二世派出軍隊鎮壓，然而士兵們卻誤食有毒植物曼陀羅花（Datura stramonium），即後來常說的詹姆斯頓草（Jamestown Weed）而連連戰敗。

維吉尼亞的紛擾最先是因為威廉‧伯克利爵士（Sir William Berkeley）拒絕下令報復襲擊前線土地的美國原住民，當時納薩尼爾‧培根（Nathaniel Bacon）為此召集會議，他為與會的居民提供白蘭地，之後順利被推選成領袖。培根下令攻擊，屠殺薩斯奎漢諾克村（Susquehannock village），要求伯克利允准他帶領軍隊進一步追擊當地的印第安人。當這項要求被否決時，培根就開始作亂，數月之後，詹姆斯頓共消弭了約五百起的叛亂事件。

幸好 1676 年英國軍隊被派遣至該地平息紛爭，培根的叛亂軍團未能延續下去，算是不幸中的大幸。不幸的是英國士兵誤食大量的曼陀羅花，他們以為該植物只是當地的一種蔬菜。毒發的情況曾在羅伯特‧貝佛利（Robert Beverley）1705 年的著作《維吉尼亞州的歷史與現況》（The History and Present State of Virginia）中記載：

「有些被派到那裡鎮壓培根叛亂軍的士兵……吃了一大堆『曼陀羅』，那毒發效果令人非常愉悅，他們有好幾天都像笨蛋一樣：有人吹著空中的羽毛，另一個人憤怒地射吸管，還有一個全身赤裸坐在角落像隻猴子，對著其他同袍傻笑還做鬼臉，第四人則熱情的親吻、撫摸同袍，以古怪又認同的表情對他們訕笑，比任何荷蘭小丑都還滑稽瘋狂。」

「在這種瘋狂狀態之下，他們最不可能做的就是傷害自己——儘管他們的所做所為完全單純無害。他們確實沒有很愛乾淨，若不加以阻止，他們甚至會在自己的排泄物裡翻滾。他們不斷展示這些滑稽之舉，就算 11 天後恢復原來的樣子，也不記得自己發生了什麼事。」

從混亂中恢復正常的士兵絲毫沒有後遺症。至於培根的反叛軍團，他們的領袖於同一年因痢疾身亡後，反叛的居民在數月後回歸田園。不過有很多人認為這起叛亂是美國革命以及後來從英國獨立的前驅事件。

維吉尼亞州首府詹姆斯頓，在 1676 年培根叛亂期間戰火不斷。

曼陀羅植物彩繪

曼陀羅

曼陀羅是 9 種有毒茄科（Solanaceae）植物中的 1 種，
俗名詹姆斯草（Jamestown weed 或 Jimsonweed）、Thorn Apple、惡魔的號角和臭草。

簡介：

曼陀羅與其他植物相比毒性更強一點，是葉片較硬、綠色的香草，可以長至 5 呎高，會發出綠色嫩芽——紫色葉片與白紫相間的花。種子部分含有劇毒，包覆在堅硬有刺的球莢裡，所以有時候會被稱為 Thorn apple。雖然曼陀羅種子和葉片味道不好，但經常會與農作植物的種子混合在一起，導致農畜動物誤食而中毒。因為曼陀羅會引發幻覺的特性，美國原住民印第安人會採集曼陀羅製成茶或菸草，至今有許多好奇的年輕人也會誤用。該植物的麻醉特性可持續超過 2 天，不需要高劑量就有劇毒。曼陀羅中毒會出現幻覺，像是與物品對話，不存在的人出現在眼前，甚至還會吸不存在的煙。曼陀羅這個名字源自於古印度，當時有一群犯罪集團「dhatureas」利用此植物來對目標下藥。據說曼陀羅也是古希臘《德爾斐神諭》（Oracle at Delphi）的靈感來源，阿茲特克文化裡，祭神的受害者在心臟被挖之前也會吃下這種植物。

毒效：

曼陀羅含有 3 種有毒成分，莨菪鹼、阿托平和東莨菪鹼（scopolamine）。這些都含有強效的抗膽鹼成分，會阻礙細胞之間神經傳導物質的交流，因而影響身體功能。抗膽鹼中毒會在攝取毒藥的 30 分鐘內毒發，高劑量會快速致死。半茶匙份量的曼陀羅種子會引發癲癇和心臟病。雖然曼陀羅依照種類不同、使用季節和地點效用不同，毒性也會不一樣，但也正因如此，曼陀羅是出了名的難以計算安全劑量有毒植物。

中毒症狀：

曼陀羅中毒症狀被描述成「像甜菜般鮮紅、枯瘦如柴、如蝙蝠般眼盲、像瘋帽子那樣瘋狂」。這包括口乾舌燥、非常口渴、皮膚灼熱、頭痛、言語不清、動作難以協調、昏迷和死亡。不論是意外或故意過量食用曼陀羅，導致入院治療、死亡是很常見的事。

治療方式：

曼陀羅中毒導致嚴重的抗膽鹼中毒時，有時候會提供毒扁豆鹼藥物。也會用活性炭來淨潔腸道，另外也會給了鎮靜劑。

著名毒害事件：

· 公元 38 年，羅馬將領馬可·安東尼與其軍隊正從帕提亞（Parthia）撤退，當時幾乎沒有食物可以果腹，幾名士兵吃了曼陀羅花，最後「在路上用盡全力在翻石頭，彷彿這非常困難」，據說「竭盡全力（leave no stone unturned，字面意義讓石頭不翻轉」這句英語名言，就是源自此事件。

· 2008 年，美國馬里蘭州一個家庭被發現出現神智不清、不由自主大笑、嘔吐和幻覺。30 分鐘後，其中 2 名家庭成員失去意識，其他人則變得激進、毫無條理且喪失方向感，他們即是吃下誤加了曼陀羅的燉菜。

瑪麗‧布蘭迪毒殺事件

瑪麗‧布蘭迪（Mary Blandy）看不出來是會犯下弒親罪的投毒者。
她出身中產階級，也受過良好教育，
在牛津郡綠意盎然的英格蘭泰晤士河畔亨利（Henley-on-Thames）郊區長大。

瑪麗的父親法蘭西斯是一位成功的律師，他只希望自己的女兒能擁有最好的，但他最後反讓自己被為了女兒找的理想對象毒死，而瑪麗被判以絞刑。

1746 年，未婚的瑪麗‧布蘭迪逐漸步入而立之年。她的父親深怕女兒嫁不出去，想要幫她找一名丈夫。他在當地報紙上刊登公告，還提供豐厚的 1 萬英鎊當作嫁妝。許多男士前來詢問，但只有一人獲得瑪麗青睞——威廉‧亨利‧克蘭斯陶恩（William Henry Cranstoun）。

身為軍官將領兼蘇格蘭貴族之子，克蘭斯陶恩固然頗有聲望，但不幸的是他的外貌並不與其社會地位匹配。他不高、五官不出眾，臉上也因為天花留有痘疤，而且他年長瑪麗 12 歲。此外，他們訂婚一段時間後瑪麗才發現他是已婚之人，法蘭西斯對此感到不滿，終結他們的訂婚關係，儘管克蘭斯陶恩堅稱那段婚姻並不合法。

婚禮雖然取消，但瑪麗仍然暗中與克蘭斯陶恩會面，而法蘭西斯則固執表示他不會允許一位重婚者進入他的家族中。該如何打破這樣的僵局呢？克蘭斯陶恩設計了一個計畫，利用他所說的「愛情補藥」白粉，暗中讓法蘭西斯服下。瑪麗應該能讓父親原諒自己的蘇格蘭情人，確保兩人最後能有情人終成眷屬。

克蘭斯陶恩的補藥其實就是砒霜，每次加入瑪麗父親的燕麥粥時，就已經開始在下毒了。法蘭西斯在 1751 年 8 月 14 日逝世，克蘭斯陶恩也就此消失。法蘭西斯的醫生安東尼‧艾丁頓（Anthony Addington）為瑪麗感到不快，他認為得用燃燒的方法測試一些剩餘的白色粉末。檢測結果最後出現了大蒜味，這在當時已經證明代表有砷的存在，因此艾丁頓的測試成為第一個檢測該毒藥作為謀殺武器的法醫研究。

瑪麗於 1752 年 4 月 6 日被判絞刑，她被眾人描述成「被愛情迷惑的傻瓜」，自己殺了父親還不自知，是個「冷血的殺人犯」。最諷刺的是，這段婚姻最後也沒有真的給克蘭斯陶恩 1 萬英鎊的嫁妝，法蘭西斯‧布蘭迪死前銀行戶頭只有 4 千英鎊。

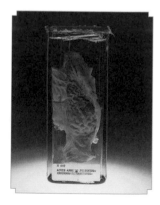

患有消化道出血患者的腸胃所遺留，
其死因是急性砒霜中毒。

據說瑪麗‧布蘭迪在伏法前最後喊著
「各位大人，讓我死得得體一點，拜託別吊太高。」

第四章 19 世紀的毒藥

維多利亞時代是使用毒藥的黃金時期，不僅廣泛使用，
壽險的出現也成為可以獲利的投毒全新動機。

當人類生命突然有其「價值」，對許多人而言，偷偷摸摸殺死自己的另一半或家庭成員就成為值得一做的事。

投毒是完美的殺人方法，因為難以偵測而且丈夫妻子都能使用。當時最受寵的毒藥便是砒霜。

砒霜是 19 世紀最厲害、無所不在的毒藥。在英國，從滅鼠藥到壁紙都有砷的存在。任何人都可從商店裡取得砷，就跟買麵包或牛奶一樣容易。因此，沒有其他殺人方法會比使用砒霜更簡便的了。

投毒殺人事件從 1820 年代起就逐漸遞增，並在 1850 年達到高峰，所以此時快速發展出全新的法醫毒物學方法也不意外。1832 年，倫敦伍爾維奇（Woolwich）的皇家軍械廠（Royal Arsenal）化學家詹姆斯·馬許（James Marsh），被找來測試毒發身亡的喬治·巴竇（George Bodle）體內是否有砷的存在。不幸的是死者胃部樣本太舊，

最後喬治的孫子、被告約翰被釋放。約翰後來坦承犯案，馬許對此非常不滿，因為他原本設計的完美檢測最後成為日後的馬許試砷法（Marsh Test）。

馬許試砷法吸引了全世界化學家的關注，德國化學家卡爾·費德里奇（Karl Friedrich）就表示此法完全改變了遊戲規則。媒體很快就知道這場遊戲有多麼迷人。而浮誇的西班牙化學家馬修·奧非拉（Mathieu Orfila）在 1840 年便利用馬許試砷法，檢測出查爾斯·拉法基（Charles Lafarge）體內是否有砷。拉法基的妻子瑪麗因為有明確的法醫毒物學證據，而成為被判刑的第一人。她後來被判終身監禁，馬許試砷法也被廣泛應用，成為投毒者罪行的最佳揭露手法。

自那時起，法醫毒物學證據便可分辨誰是自然死亡、誰被毒殺。下毒事件便很少再上演。

之後，下毒的故事演變成殺人犯開始研究哪些毒藥不會被檢測出來。20 世紀時，這股風潮讓蘇聯發展出例如諾維喬克等未知的毒藥；這類毒藥曾有一段時間完全逃脫毒物學雷達的探測。不過，一直到維多利亞時代結束前，仍有許多人繼續使用砷與番木鱉鹼下毒。數十年後，甚至還出現了一個更可怕的新毒藥：氰化物。

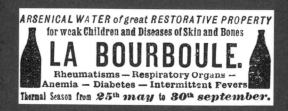

19 世紀，La Bourboule 是混合了砷和法國礦泉水一起販售的萬靈藥。

詹姆斯·馬許是英國化學家，
他設計出第一種可以獨立探測砷的檢測法。

弗洛倫斯·梅布里克之嫁

弗洛倫斯·伊莉莎白·梅布里克（Florence Maybrick）以砒霜殺死丈夫的事情引起眾怒，
1889 年 8 月 7 日審判日當天甚至差點出現抗議行動。

《警察新聞畫報》（The Illustrated Police News）的報導指出，「群眾集結在法庭外，為被告歡呼、對陪審團噓聲以對，還對法官喝斥類似像是『對之處以私刑』的話。」民眾站在弗洛倫斯那一邊，但她是否真的有罪呢？

詹姆斯·梅布里克是眾所皆知的憂鬱患者，當天他喝了各種通寧藥水，包括番木鱉鹼、氰化物、天仙子（henbane）和嗎啡。因為性慾低下，他每天會服用一定劑量的福勒氏液，這包含有砷的成分。詹姆斯天生風流，他娶弗洛倫斯之前就與自己的一名情婦孕育了 5 個孩子。弗洛倫斯是個美國女孩，比他年輕 23 歲，詹姆斯在 1880 年搭乘前往英國的班機上認識了她。

弗洛倫斯與詹姆斯兩人的婚姻在她發現丈夫四處留情後分崩離析，為了報復，她自己也尋找愛人，詹姆斯之後發現了這件事。自那時開始，兩人就經常公然爭吵，詹姆斯甚至在一場倫敦的賽馬場上動手揍了她。根據弗洛倫斯在審判時的證詞，她後來買了摻有砷的壁紙，將壁紙浸泡水中把毒藥釋出。她說這是為了調配化妝品，但檢方聲稱她是用此毒藥來殺死詹姆斯。

1889 年 4 月，詹姆斯在服下含有番木鱉鹼的藥水後身體開始每況愈下，並於 5 月 11 日病逝。他的兄弟要求檢測遺體，搜尋體內是否含有砷的成分。警方的後續調查發現，有名化學家多次把砷當成處方配給詹姆斯，該處住宅所囤積的藥水份量足以殺死 50 人。至於弗洛倫斯的婚外情對她也不利，因為法官告知陪審團這代表她也沒有比殺人犯好到哪裡去。最後弗洛倫斯被判以絞刑。

然而在大西洋兩岸民眾為此案憤怒不平後，弗洛倫斯的判決被重新審理。英國內政大臣（Home Secretary）與財政大臣（Chancellor）皆簽署了一封信，表明「有證據明確指出梅布里克夫人帶有謀殺意圖餵食丈夫毒藥，但其中砷含量是否足以使其死亡有待商榷。」

弗洛倫斯的判決之後改成終身監禁。她被單獨囚禁 9 個月後，被移至「沉默制（silent system）」的普通監獄，那裡規定不能說任何話。弗洛倫斯在 1904 年被釋放後返回了美國，她以巡迴演講的方式抗議自己是無辜的。1941 年她臨終時身無分文，獨自在康乃狄克一處骯髒的屋子裡逝世。

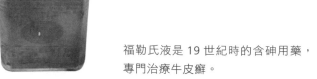

福勒氏液是 19 世紀時的含砷用藥，專門治療牛皮癬。

弗洛倫斯・伊莉莎白・梅布里克未曾停止主張自己的清白。
她在 1905 年的著作《我失去的十五年時光》便記錄了她的經歷。

布拉德福德糖果中毒案

1858 年 10 月 30 日星期日早晨，
一件離奇的事件席捲布拉德福德這個英國城市。
2 名男孩突然身亡，其他人則突然染上怪異、可怕的疾病。

有人說這是因為霍亂暴發，其他人則認為是瘟疫。隨著日子過去，更多的死亡案例被報導出來，警方懷疑這是預謀犯案，他們很快就發現了原因：硬薄荷糖。

幾天前，人稱「薄荷糖比利（Humbug Billy）」的威廉・哈達克（William Hardaker）一如往常在布拉德福德格林市場擺攤賣糖果，他照常販售大受歡迎的硬薄荷糖，儘管這一批以折扣買到的糖果顏色似乎有點不太一樣。哈達克從糖果批發商喬瑟夫・尼爾（Joseph Neal）那裡購買，這位批發商向來喜歡用「daft」這種成分來替換昂貴的糖。

Daft 是混合熟石膏（plaster of Paris）、石灰粉、硫酸石灰或其他無害物質，用來取代昂貴的糖。不幸的是，喬瑟夫・尼爾後來訂購的 12 磅 daft 訂單由藥局裡年輕助手處理，他並非測量 12 磅重的 daft，而是從一旁容器裡取出 12 磅的砒霜（三氧化二鉀，arsenic trioxide），這兩種白色粉末質地類似。

為喬瑟夫工作的糖果製造師覺得這批加了 daft 的硬薄荷糖有點奇怪，但是他們沒有阻止喬瑟夫試吃一顆，以及將其販售給哈達克。哈達克也吃了一顆糖果，兩人吃完後馬上就覺得不舒服。不過因為哈達克當時以折扣價購買這批硬薄荷糖，所以他也用折扣價將糖果販售出去，那天的銷售特別好。

星期日午夜，當地的鳴鐘者喊叫著可怕硬薄荷糖的事，在布拉德福德掀起軒然大波。那時候已經有超過 200 人感到不適，更有 20 人因砒霜中毒而死。結果證實每一顆硬薄荷糖內含有足以殺死兩名成人的砷含量。隔天，藥師、助手及喬瑟夫・尼爾都站在法庭上被控殺人罪（manslaughter），不過最後他們卻沒有一個人去坐牢。

儘管如此，該名助手的悲慘失誤促成了 1860 年的《食物與飲料摻假法案》（Adulteration of Food and Drink Bill），正式奠定了製造糖果必須使用的原料。布拉德福德糖果中毒一案也促進 1868 年英國的《藥局法》（Pharmacy Act），針對藥師處理、販售已知毒藥必須遵守的嚴謹規範。而 1874 年廢除糖稅，終於也讓糖成為所有人都能負擔得起的成分。

THE GREAT LOZENGE-MAKER.

此幅漫畫是 1858 年《打孔》（Punch）裡出現的布拉德福德糖果中毒案。
在維多利亞時期的英格蘭，食物摻假貨是一大問題。

為人母的瑪莉安・卡頓

瑪莉安・卡頓（Mary Ann Cotton）的 7 歲繼子突發身亡這才警醒世人，

該名男孩不希望瑪莉安再嫁，

但她不經意地向官員提到「再一陣子就沒事了」。

後續調查發現，瑪莉安是維多利亞時期最可怕的連續投毒犯：這位「黑寡婦」陸續毒殺了自己的丈夫和孩子。

瑪莉安・羅伯森（Mary Ann Robson）於 1832 年在杜倫郡（Durham）出生，是名礦工的女兒。她在 1852 年嫁給第一任丈夫威廉・模布雷（William Mowbray），在那之前她是一名護士。之後的 10 年內，這對夫妻共同孕育了 8、9 個孩子，但其中 3 個因為常見的腸熱病（gastric fever）而病亡。「腸熱」是泛稱類似傷寒等造成嬰孩突發身亡病症的詞語，其症狀與砷中毒類似。

不過該嬰孩並非是唯一因為腸熱而死的人。威廉・模布雷在 1864 年也因此病過世，留下了 35 英鎊的壽險給瑪莉安，這相當於勞工 6 個月的薪資。瑪莉安之後把孩子留給自己的母親照顧，於 1865 年嫁給了第二任丈夫喬治・沃德（George Ward）。這段婚姻在沃德死亡之前僅維繫了 1 年，瑪莉安又獲得了另一筆壽險給付。

瑪莉安後來搬去和母親同住，母親也在一個禮拜後逝世。1867 年，瑪莉安又回到杜倫嫁給第三任丈夫詹姆士・羅賓森（James Robinson）。3 個孩子陸續病逝後，羅賓森在瑪莉安要求他保壽險時趕她出門。

瑪莉安後來有一段時間無家可歸，直到她犯下重婚罪與第四任丈夫弗瑞德列克・卡頓（Frederick Cotton）結婚。這段婚姻期間，卡頓和他的妹妹和 3 個孩子——其中 2 個是和瑪莉安所生，全都過世。瑪莉安最後又回頭找到前任情人約瑟夫・納特拉斯（Joseph Nattrass），同時懷了另一個男人約翰・奎克曼寧（John Quick-Manning）的孩子。1872 年，納特拉斯逝世，瑪莉安告訴官員她不久就不會再受繼子查理斯・卡頓（Charles Cotton）的騷擾，好能嫁給奎克曼寧。

查理斯過世後，官員提醒警方解剖報告發現男孩胃裡有砷。納特拉斯與其中幾名孩子的遺體因此被挖掘出來，結果發現他們都是因為砷中毒而死。調查人員後來僅以查理斯被毒殺控告瑪莉安，但他們相信她以此方式殺死了最多 21 人。媒體稱她為「黑寡婦」，並於 1873 年被判處絞刑。

瑪莉安的故事後來有個可怕的註解：劊子手的絞索太短，以致於無法讓瑪莉安的脖子斷掉，後來執刑人必須壓著她的肩膀才結束行刑，她花了整整 3 分鐘才死亡。

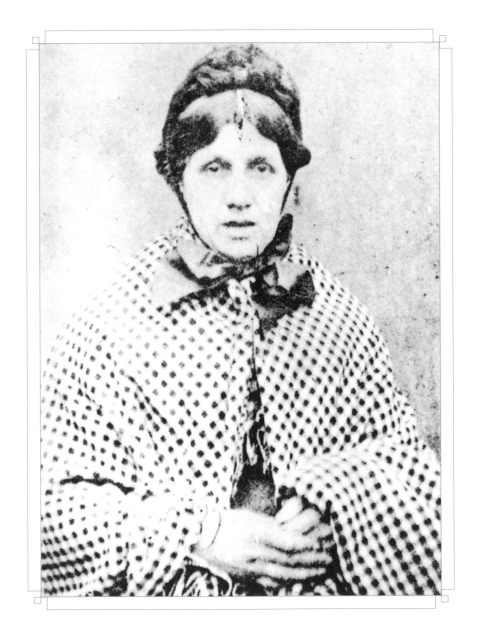

瑪莉安‧卡頓被認為是英國殺人數最多的女性連續殺人犯

火柴女孩

1888 年，英國社會改革家安妮・畢桑德（Annie Besant）發表了
一篇倫敦東區火柴工廠的驚人文章。
在那工廠裡，年輕女孩為了微薄的薪資被迫得連續工作 14 天，
且經常受到領班惡意罰款和暴力相向。

更糟的是，這群勞工一直接觸到添加在火柴頭上的致命白磷，許多勞工因此罹患可怕的「磷毒性頷疽（phossy jaw）」病。

畢桑德的文章標題寫了「倫敦白奴隸」，不僅掀起讀者們憤慨，更激怒火柴工廠「布萊恩與梅伊」的老闆。畢桑德的文章揭露了火柴女孩們的情況，許多人年僅 13 歲。

這群女孩從早上六點半工作到傍晚六點，期間一直站著，休息時間只有兩次。工作期間她們不能說話或坐著，每週薪資根據年齡不同只有 4 至 9 先令不等。以她們賺的錢來看，2 先令要付房租，其他的支付餐費，基本上每一餐就是吃麵包、奶油和茶。

但罰金和減薪的機制意味能拿全薪回家是很少見的。如果她們弄掉火柴或是說話，或未經允許就去上廁所，就會被罰幾便士至 1 先令。除此之外，這些女孩們被告知在工廠機器旁就算受傷，或受到領班毆打，都不可以放下手邊的工作。

白磷使火柴有顯著的尖部，但這也讓在工廠裡工作非常危險。接觸到這種毒素，會導致磷毒性顎骨壞死（phosphorus necrosis），也就是俗稱的「磷毒性頷疽」，下巴骨頭會漸漸腐敗。受磷毒性頷疽而苦的人會出現非常可怕的牙痛且牙齦腫脹，接著黑暗中下巴會出現奇怪的綠光。通常最後得靠手術移除下巴才能解救罹病者，因此造成大腦受損和死亡的案例也屢見不鮮。

「布萊恩與梅伊」的業主擁有其事業百分之二十二的股息，他不承認畢桑德的發現，甚至想讓火柴女孩們簽下宣誓書（affidavits），表明那些指控都不是真的。不過這些勞工們受夠了，同意罷工。在英國勞動階級運動首創勝利下，「布萊恩與梅伊」最終被迫提供勞工全新的合約，包括更高的薪資和廢除罰金制。英國火柴使用白磷一直持續到 1906 年，最後終於全面禁止，在那之後「磷毒性頷疽」的案例幾乎完全消失。

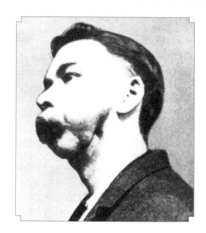

維多利亞時期，一名展示「磷毒性頷疽」可怕樣貌的勞工。

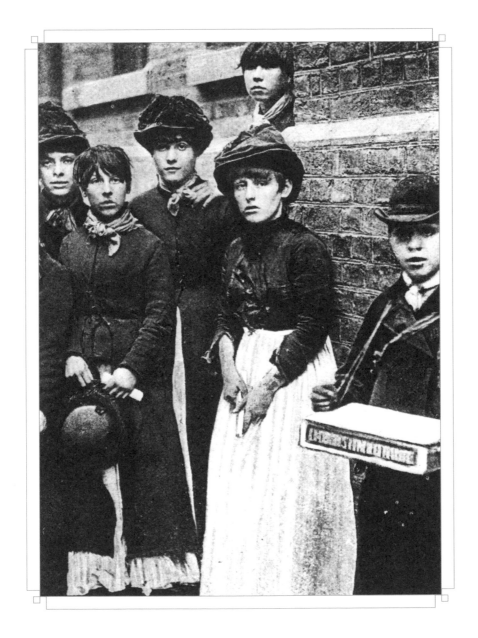

倫敦東區「布萊恩與梅伊」工廠的火柴女孩。
她們罷工成功是英國勞動階級運動的早期勝利事蹟。

純粹的磷岩塊

磷

磷是一種在磷岩中找到的非金屬物質，人類的尿液裡也有。

其化學符號為 P，多以白色、紅色和黑色呈現。

簡介：

據說磷最早是由 12 世紀的阿拉伯鍊金術師分解出來，1669 年才又被人重新發現。德國鍊金術師亨尼格·布蘭德（Hennig Brand）猜測，在黑暗中發光的磷可能是傳說中的「賢者之石（philosopher's stone）」。為了萃取出磷，布蘭德得靜置五十桶尿液，直到它們「生蟲」，把尿液煮沸濃縮成膏狀，接著以沙子加熱，才能蒸餾出磷質。19 世紀時，愛丁堡的詹姆斯·柏格斯·利德曼（James Burgess Readman）發明了一種火爐，可以從磷岩中產生磷，這也是今日取磷的方法。因為這是第十三個發現的元素，且被應用在毒藥、爆裂物和神經毒氣中，因此它有了「惡魔元素」之稱。磷被應用在肥料、火柴和煙火中，同時也能在空氣中燃燒。第二次世界大戰時也被用在英國的燒夷炸彈裡，以及其他戰事中。白磷會激烈燃燒，它可以像燃料那樣火燃，還會黏在衣服、皮膚和人類肌肉組織，造成三級燒傷。目前人類所知最可怕的有毒物質神經毒氣，正是從磷取得的有機衍生物。

毒效：

白磷有各種型態，自古以來就被當成毒藥使用。磷有劇烈毒性：15 毫克就足以殺死一名成人。有些倖存者也表示在稀釋毒素時，糞便會有煙。磷有劇毒是因為其含有自由基，無法輕易被肝臟代謝，還能累積至有

害份量，導致腎臟、肝臟和心臟受損，因為毒素會攻擊被害者的中樞神經系統。磷也可以吸食——這會引發所謂的「磷毒性頜疽」（詳見 P96），或做為引燃劑被皮膚吸收，這種情況會造成三級燒傷，同時也可能發生多重器官衰竭。

中毒症狀：

服用磷後的中毒症狀包括胃痛、腹瀉、吐出螢光物，接著是抽搐、昏迷和死亡。死亡通常會發生在中毒後數小時至 3 天後。若是因吸食磷氣霧或透過皮膚吸收，則中毒症狀通常會在 2 天內出現，包括噁心、咳嗽、嘔吐、非常疲累、麻痺、低血壓、心臟問題、抽搐和死亡。長期吸食磷造成的慢性症狀包括下巴腐爛的「磷毒性頜疽」。

治療方式：

磷中毒並沒有特別的解毒劑。雖然不建議採取嘔吐方式，但洗胃和活性碳可以協助排出毒素。如果是磷毒性頜疽就必須動手術移除頜骨。

著名毒害事件：

· 2008-2009 年加薩走廊之戰，以色列軍隊對巴勒斯坦住宅區空投了裝滿白磷的燃燒彈，之後佔領加薩走廊，其中包括一處難民營和收容許多孩子的學校。超過 1400 名巴勒斯坦人喪生，其中包括因為磷造成血肉骨頭灼傷而死。

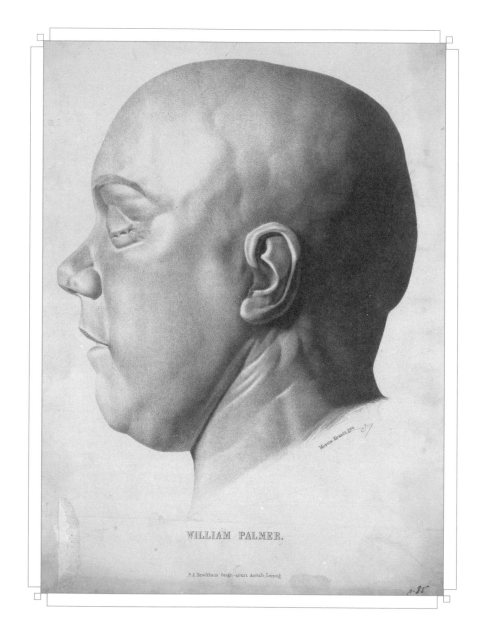

WILLIAM PALMER.

威廉‧帕默死亡時的面容插圖，從其半身像取得。
他在伏法前被剃了光頭。

惡人威廉・帕默

威廉・帕默（Willian Palmer）醫生被處死當天，超過 3 萬名群眾擠在史坦福街頭圍觀。
有人甚至前一晚在雨夜裡等待，就為了找個好位置。
這正是帕默惡名昭彰之處，這位「投毒王子」為了金錢毒殺他人。

1856 年 6 月 14 日，帕默被處以絞刑，絞死他的絞索後來被割成一段段當作紀念品販售。

威廉・帕默在倫敦聖巴多羅繆醫院升格成外科醫師後，首次下毒殺人。帕默向愛慕者的丈夫發起喝酒挑戰，當該名男子回到家後就昏倒死亡。當時有懷疑是否被下藥，可是最後未能被證實。

過沒多久，帕默在自己的家鄉魯吉利（Rugeley）開業，娶了安・索爾頓（Ann Thornton）為妻，這位年輕女士的母親是知名的貴婦。安的母親借錢給帕默，但和夫妻倆住在一起 2 週後就神祕死亡。這位母親的遺言裡並未留給這對夫妻很多錢，帕默對此非常失望，於是開始花大錢賭馬。

帕默在賽場上的夥伴是雷歐納德・布萊登（Leonard Bladen），他在短短數月裡借給這名醫生數千英鎊。某天在帕默的住宅，布萊登突然感到劇烈疼痛，不久就身亡過世。當天他在賽場上賭贏的錢也不翼而飛，但死因是奇怪的「骨盆受傷」。

他的家鄉接著出現了更多死亡案例。帕默的妻子安生了 5 個孩子，但其中 4 個在未滿 3 個月時就死亡：其中 1 名男孩才出生 3 天就夭折，其他則是出生 7 小時後死亡。當時嬰孩夭折是很常見的事，然而，這 4 個可憐孩子的死因皆是「抽搐」。我們認為，是帕默將手指沾了番木虌鹼或銻——也就是他選擇的毒藥，之後沾糖好讓孩子吸吮。

減少了需要餵養的人口，帕默的開支確實緩和了一點，但他仍然負債累累。他好賭成性、過著奢華生活的方式遠遠超出負荷，於是他利用殺人來減少負債，直到他自己被捕。帕默看上的下一個受害者是 27 歲的妻子安，他幫她辦理壽險，幾個月後殺死了她。死因記載是霍亂，這在當時的英國已經害死數千人口。如今毫無羈絆，帕默終於能重新過單身漢的生活，但安身後的壽險給付 1 萬 3 千英鎊還是不足以償還他的債務。

在債權人不斷威脅之下，帕默用總愛喝得爛醉的哥哥華特名義辦了壽險，然後又幫認識的一名農場工人辦壽險。當華特和農場工人雙雙死亡後，壽險公司開始覺得奇怪決定不給付，並且開始調查，但當時卻未能證實這是謀殺。

帕默的好運沒有持續多久。1855 年以前他嚴重負債，債權人威脅要將他的情況讓金援他的母親知道，當時他還撫養了一名私生子。為了還清債務，帕默花更多時間與一位富裕的朋友約翰・庫克（John Cook）一起賭馬。當庫克因為賭贏而欣喜不已時——帕默卻依舊慘賠。某天庫克在緊抓住自己的

喉嚨說琴酒太烈之後就生病了，帕默當時人就在現場。當他贈送一瓶琴酒給自己的好友時，庫克開始嘔吐。身為醫生，帕默試著治療庫克，但帕默給他 3 克的番木鱉鹼，庫克立刻痛苦的哀嚎，說自己無法呼吸，最後身體蜷曲而死。

帕默決定自行吸收庫克贏來的賭金，然後盡其所能地妨害這名友人的解剖報告。他假裝在工作時遇見主治醫生，干涉庫克被收集在玻璃瓶內的胃部樣本。舉行第二次解剖時，依舊無法確認是毒藥造成庫克的死亡，但負責解剖的醫生毫不懷疑地表示「死者是因為威廉‧帕默給他的毒藥而身亡」。

之後又出現了更多決定性證據。帕默的妻子安和哥哥華特的遺體被挖掘出來，安身上發現有高含量的銻；另外還有一個相關證據讓帕默與案件連接起來：2 名藥劑師作證販售了番木鱉鹼給帕默，但辯方卻抗議在庫克或安的胃裡，並未找到這毒藥的痕跡。

帕默曾一度被認為能逍遙法外，特別是審判長告訴陪審團他深信這名醫生是無辜的。

但是檢方將帕默為了逃避債務、殺人拿保險金的事情提出來時，陪審團注意到這件事。1 小時後他們回到法庭準備公布判決結果，帕默被判以絞刑。此審判結果造成一大爭議，因為當時並沒有太多證據能成功控告帕默。不過就在他被判刑時出現一些小道消息，比如帕默曾自己開處方，內容是番木鱉鹼和鴉片。

The Times
REPORT
OF THE
TRIAL OF WILLIAM PALMER,
FOR POISONING JOHN PARSONS COOK,
AT RUGELEY.

THE TALBOT ARMS, RUGELEY, THE SCENE OF COOK'S DEATH.

FROM THE SHORT-HAND NOTES TAKEN IN THE CENTRAL CRIMINAL COURT

魯吉利的塔爾伯特紋章旅店（Talbot Arms Inn）。約翰‧庫克 1855 年在此痛苦身亡，解剖亦是在此地點進行。

魯吉利的聖奧古斯丁教堂庭院，約翰·庫克及帕默的家人都葬於此地。

在絞刑台上，帕默被問及是否願意坦承犯行，他拒絕認罪。伏法後，其絞索被切割，每一英吋以 5 先令售出。帕默的遺體更被製作成兩副死亡面具，之後遺體被放入屍袋，葬在監獄教堂窗戶下方的萬人塚。當代作家查爾斯·狄更斯曾說威廉·帕默是「老貝利街上最可惡的壞人」。帕默一生不斷為了金錢毒害朋友親人，就是他給後人的印象。

銻

銻是一種銀灰色的金屬物質。過去曾以少劑量來驅除動物體內的寄生蟲，但高劑量對人類來說是劇毒。致命的銻用量是 100 毫克至 200 毫克不等，此毒藥的中毒反應與砷類似。銻會使人體內的重要酵素失去活性，破壞紅血球。急性銻中毒的症狀是腸胃炎、噁心、嘔吐和血便，最後是腎臟衰竭。銻中毒沒有解毒劑，因此治療方式多包括洗胃，搭配藥物 dimercaprol 加速排毒。有時候也會輸血來替換被破壞的紅血球。

馬錢子樹彩繪

番木鱉鹼

番木鱉鹼是一種取自馬錢子樹（nux vomica tree，學名 S. nux-vomica）
種子與馬錢屬（Strychnos）的毒藥。

簡介：

　　1818 年，法國化學家第一次在呂宋果豆莢（Saint Ignatius）中發現番木鱉鹼，此毒藥可能是在阿嘉莎‧克莉絲蒂的神祕犯罪小說出現而眾所周知。在克莉絲蒂的年代，番木鱉鹼是可以輕易在藥房櫃檯裡取得的物品，當時此藥被用來滅鼠，也有其醫療用途。克莉絲蒂筆下的角色，例如英格索普夫人（Mrs Inglethorp）就曾拿番木鱉鹼作為神經舒緩和提升胃口的處方籤。番木鱉鹼之所以被當作毒藥使用，是因為它有非常戲劇性的毒效，包括抽搐和窒息。大部分因番木鱉鹼而毒發身亡的案例多在 19 世紀，但比起其他毒藥這類案例還算是少。不過番木鱉鹼好幾世紀以來都被當作撲殺動物的毒藥，19 世紀晚期也以少劑量來提升運動表現，因為它與咖啡效果類似，可以讓運動員提升耐力，以及活力充沛的感覺。

毒效：

　　番木鱉鹼會影響控制運動的能力。它會與神經細胞間傳輸訊息的神經傳導物質結合，藉此控制，使其中一個神經傳導物質（乙醯膽鹼）告訴神經啟動，讓另一個物質（甘胺酸）告訴神經停止。番木鱉鹼會和甘胺酸接收端結合，阻止要神經停止運動的信號。這樣神經在最小刺激互動下會持續運動，使人不由自主的扭動，導致與小說中被害者類似的劇烈抽搐。

中毒症狀：

　　番木鱉鹼會攻擊中樞神經系統，使受害者肌肉同時收縮，特別是腿部、雙臂、背部、脖子和臉部。這會使背部拱起來，臉部肌肉變得不自然，被害者死亡時面帶微笑。番木鱉鹼造成的死因通常是窒息，因為它會讓受害者難以呼吸，可是此階段受害者仍然有意識，因為這毒藥也會刺激大腦，使大腦感知增強。到了最後階段，受害者會睜大雙眼一動不動死亡，據信這是非常痛苦的死亡方式。

治療方式：

　　如果在症狀出現前就洗胃處理，有機會逆轉番木鱉鹼中毒。若出現症狀，還可以透過肌肉鬆弛劑、鎮靜劑，以及在安靜暗房裡不受刺激靜養來抑制抽搐。如果能持續掌握症狀，此毒藥可在約 24 小時內排出體外。

著名毒害事件：

‧ 納粹軍官奧斯卡‧迪勒萬格（Oskar Dirlewanger）是一位惡名昭著的虐待狂和精神病患者，他經常會剝光猶太女囚犯的衣服注射番木鱉鹼，然後看她們抽搐致死，以此娛樂自己。

湯瑪斯・克林姆醫師專殺女性，是橫跨大西洋兩岸的殺人犯。

使用三氯甲烷的湯瑪斯・克林姆
（Chloroform 哥羅芳）

1892 年，湯瑪斯・尼爾・克林姆醫師（Dr Thomas Neill Cream）
在紐蓋特監獄（Newgate Prison）被絞死，據說他最後喃喃自語說了些話，
但被繃緊的絞索所阻礙。「我就是傑克……」這是他所留下震驚眾人的自白。

難道被稱為「蘭貝斯投毒者（Lambeth Poisoner）」這個因謀殺妓女的死刑犯克林姆，正巧就是開膛手傑克嗎？這個虐待狂橫跨兩個大陸殺死數名女性，看來任何事情都有可能。

克林姆 1850 年出生在格拉斯哥，他在加拿大長大，畢業於蒙特婁麥吉爾學院（Montreal's McGill College）醫學系。他的論文主題是三氯甲烷。克林姆用三氯甲烷在芙蘿拉・布魯克斯（Flora Brooks）身上做墮胎手術，他讓這名女子懷孕，並且因為非法手術幾乎殺死了她。但布魯克斯憤怒不已的父親堅持讓兩人結婚，於是克林姆在離開前往倫敦和愛丁堡唸醫學院研究所之前和她結婚。克林姆將一些「藥物」留給芙蘿拉，過沒多久芙蘿拉就死亡──據說死因是肺癆，不過當時並未解剖確認。

克林姆在 1879 年返回加拿大，他被控殺了自己的患者兼情婦凱特・加德納（Kate Gardener）。加德納被發現死在克林姆辦公室後方的儲藏室，她懷著身孕，被三氯甲烷毒死。

克林姆後來逃至芝加哥，在此開了一家診所，專為妓女提供非法墮胎手術。1880 年，他被控殺死了妓女瑪麗安・佛克納（Mary Ann Faulkner），她在動完墮胎手術後被人發現死在克林姆助手的公寓裡。克林姆在把這一切怪罪在自己笨拙的助理身上後就無罪釋放，但他很快得到了報應。

克林姆在芝加哥新聞報紙上刊登自己發明的抗癲癇藥物廣告後，毒殺了他的一名患者丹尼爾・史托特（Daniel Stott）。他之後又說服（還引誘了）史托特的妻子，要她怪罪藥劑師調配錯藥。克林姆甚至發電報給驗屍官提議這件事，結果反而讓驗屍官對於意外中毒的可能性有所警惕，開始懷疑這是謀殺。他將克林姆的藥物拿來餵狗，結果 15 分鐘後狗便死亡。驗屍官下令挖掘丹尼爾・史托特的遺體，在他的胃裡發現足以殺死 3 個人的番木鱉鹼。

線索直接連結到克林姆，他的愛人茱莉亞・史托特也在證人台上揭穿他。雖然克林姆再一次逃脫罪刑，但終究還是被逮補，被判終身監禁。10 年後克林姆的父親死亡，克林姆因此變得富有。後來克林姆的終身監禁刑罰被神祕地減刑，1891 年成功出獄。

這位從伊利諾斯州喬利埃特監獄（Joliet prison）步出的邪惡、口語粗俗藥癮犯，與 10 年前那位整潔俐落的醫師相差甚遠。如今他經常吸食嗎啡、古柯鹼和番木鱉鹼，更時不時表達他對女性的憎恨。他打算在返航倫敦後，實踐這股憎恨。

克林姆開始在倫敦東區四處搜尋受害者。根據警方報告，克林姆習慣以瘋狂、瞎扯的話題來勾搭陌生女性，還會讓她們看自己隨身攜帶的色情圖畫。該報告提到：「他全神專注熱衷的尋找女人，但提及她們時卻完全不是如此。」

克林姆如今以「尼爾醫生」的名號，開始毒殺倫敦貧困地區蘭柏特的阻街女郎。他的第一名受害者是 19 歲的艾倫‧堂沃斯（Ellen Donworth）。據報她曾在 1891 年 10 月 13 日遇上一名「大禮帽（topper，俗稱穿戴大禮帽的紳士）」男子，與他共飲一杯酒，2 天後即因為番木鱉鹼中毒而死亡。克林姆還大肆鋪張的寫信給驗屍官，想告訴他誰是兇手，並要求 30 萬英鎊作為賞金。

下一位遇害者是妓女瑪提達‧克洛佛（Matilda Clover），她也在認識克林姆隔天後身亡。雖然經過正式檢驗證實死因是酒精中毒，但克林姆仍然寫信給當地的醫師，控訴他下毒殺害克洛佛，如果不想被揭發就給錢。醫師將此信拿給了警方。

殺人之後，克林姆回到加拿大探親。他在那也經常光顧妓院，並且設法取得一大堆番木鱉鹼藥錠。克林姆搭船返回倫敦時，在船上喝威士忌喝到爛醉，以此遠離其他乘客，並大肆吹噓倫敦妓女有多廉價，甚至說用「1 先令」就能找到一位。

1892 年 4 月克林姆回到倫敦，他打算殺掉妓女露‧哈維（Lou Harvey），但這計畫在她把藥錠丟入泰晤士河後失敗。後來他又以摻有番木鱉鹼的健力士殺掉了 2 名妓女，愛麗絲‧馬許（Alice Marsh）和艾瑪‧史瑞沃（Emma Shrivell）。

克林姆接下來的偶遇並不是妓女，而是一名紐約偵探。這位偵探已經事先研究過所有「蘭貝斯投毒者」犯下的謀殺案，發現這位偶然相識的醫生，竟然對每個案件都有百科全書般的了解。克林姆甚至帶這位偵探去許多蘭貝斯各個特色景點，這足以讓偵探向他在蘇格蘭警場的同事提議，克林姆可能就是兇手。

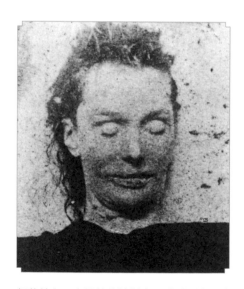

伊莉莎白‧史特萊德被傑克開膛手殺害，她在婚姻失敗後淪落成妓女，其喉嚨被割開。

克林姆是傑克嗎？

湯瑪斯‧克林姆實際上是惡名昭彰的連續殺人犯傑克開膛手，這個理論掀起軒然大波。這樣的說法是否具有任何真實性？兩者一致的部分是：他們都是在倫敦東區犯案的仇視女性者（misogynists），而且都享受謀殺妓女為樂。但是 1888 年是傑克開膛手最活躍的一年，克林姆當時卻被關在喬利埃特監獄裡，這位醫師可是有鐵錚錚的不在場證明。而陰謀論者則提出，克林姆其實對監獄守衛行賄，讓他找類似長相的人替代入獄，其實他早在多年前就來到倫敦，不過這說法一直沒有被證實。

蘇格蘭警場的警探們一直都想查出這名不斷寫信向名人要錢的匿名勒索者,他甚至會威脅要揭發這些名人是蘭貝斯投毒者。不過,克林姆果然愚笨到把「謀殺」瑪提達‧克洛佛的事寫進信中,雖然她的死因是酒精中毒。

最後,所有線索都指向了克林姆:信件、拜訪妓女,以及原本在美國因毒殺而入獄服刑。1892 年 10 月,克林姆因為謀殺 4 名妓女而被判絞刑。伏法前,驗屍官閱讀了一封據說是來自傑克開膛手的信,上頭說克林姆是無辜的,應當被釋放。克林姆對此只是瘋狂訕笑。而克林姆喊出:「我就是傑克……」又是怎麼一回事?有一理論是說,克林姆已經無法控制身體功能——處以絞刑的副作用,他喊的其實是「我射精了」,只是被聽錯而已。

東區警察用探照燈照亮另一名傑克開膛手的受害者

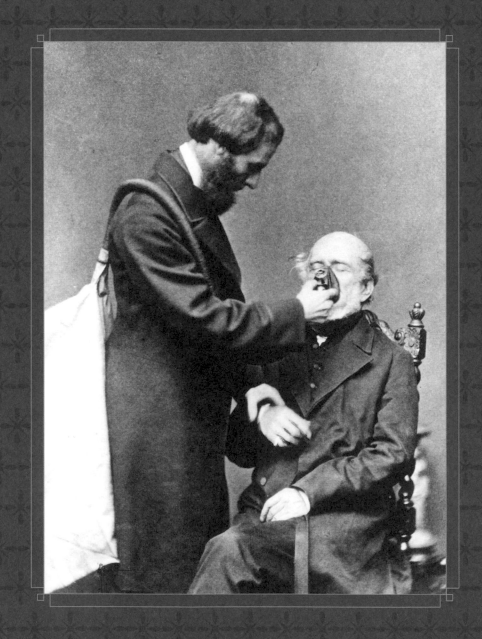

約瑟夫・T・克羅夫醫師用哥羅芳進行「克羅夫哥羅芳儀器」試驗

哥羅芳

哥羅芳（三氯甲烷）是加氯處理甲烷後留下的無色純淨液體，
又稱為三氯甲烷，常被當成麻醉藥和鎮靜劑使用。

簡介：

哥羅芳是美國、法國和德國在 1830 年代早期發現的物質，沒過多久就出現濫用此物的報導。第一個在手術使用笑氣的美國牙醫師霍勒斯・威爾斯（Horace Wells）對哥羅芳非常入迷，據說此物讓他完全變了一個人。因為他在紐約市朝路過的人潑酸，於 1848 年在監獄裡自殺。哥羅芳的麻醉特性於 1847 年首度在蘇格蘭一名患者動手術期間證實，1850 年代，維多利亞女王生最後 2 名孩子時，也受到哥羅芳的影響。

不過，哥羅芳的黑暗面也在此時出現：一名 15 歲的女孩在 1848 年因哥羅芳中毒而死，當時她接觸哥羅芳是因為要摘除遭到感染的腳指甲。其他濫用哥羅芳的案例是將之當成麻醉藥或自殺手法。20 世紀以前，許多罪犯已發現哥羅芳可以讓其目標失去意識。1930 年代後哥羅芳不再作為麻醉劑使用，當時也出現毒性比較不強的替代品。

毒效：

哥羅芳可以透過肺部、腸道甚至是皮膚吸收。一旦吸入，哥羅芳便會快速被吸收，散布至人體所有器官，導致中樞神經系統衰退，呼吸頻率改變、心律不整、腸胃疼痛和肝臟受損。即便只是 10 毫升的哥羅芳，就足以殺死一名成人。

中毒症狀：

哥羅芳中毒的症狀包括頭痛、噁心、嘔吐、易怒、困惑、昏昏欲睡及狂喜，之後會出現呼吸道不適、心臟病、昏迷和死亡。哥羅芳造成的意識不清，會根據劑量多寡花上數分鐘才出現。難以計算安全劑量與其對器官造成的毒害，正是哥羅芳之所以不再受歡迎的兩大原因。

治療方式：

眼睛和皮膚若接觸到哥羅芳，可以用溫水和生理食鹽水沖洗淨。如果是吸入中毒，可以用氧氣舒緩；若是吸食攝入，則可使用乙醯半胱氨酸（N-acetylcysteine，簡稱 NAC）藥物，來預防腎臟和肝臟受損而死亡。

著名毒害事件：

· 美國人 H・H・福爾摩斯（H. H. Holmes）是 19 世紀的一名詐欺犯，也是美國第一名連續殺人犯。他用哥羅芳困住或殺死受害者來滿足殺人慾望，之後再拿走他們的壽險給付。

· 20 世紀，美國慈善家威廉・馬許・萊斯（William Marsh Rice）被其侍從殺死，侍從與萊斯的律師共謀竊取他的財產。這位侍從用哥羅芳趁他睡覺時殺死他，但後來銀行表示有一筆鉅額支票給付給萊斯律師後，警方開始懷疑這起謀殺案。萊斯的財產後來被用來創立德州萊斯大學。

第五章 20世紀的毒藥

20世紀投毒的景況有所改變，政府規範禁止公然販售有毒物質例如砷，
許多傳統毒藥因此很難直接在藥房櫃檯買到。

法醫毒物學也成為有效的科學訓練，終結了19世紀時的砒霜下毒狂熱，使之走入歷史。

除了政府訂定法規規範毒藥販售和製作，以工廠規模生產的有毒物質，通常也是由政府主導。許多有毒物質的發展都是為了人民福祉，例如滅除害蟲和有害動物的殺蟲劑和除草劑，好增加農作產量。但在政府的祕密實驗機構裡，這些有毒物質也經證實含有可怕劇毒，如果正確使用，毒效作用還可能使整座城市消失。

戰爭時期使用的工業用毒很快就大量製造來因應全球衝突。1916年，德國軍方研究出芥子毒氣（sulphur mustard 或 mustard gas），大量使用在第一次世界大戰的戰地溝渠裡，最後引發可怕的後果。此類毒氣的水泡反應會讓受害者留下一級燒傷，難以修復的疤痕、眼盲，就算能倖存下來，罹癌機率也很高。

德國製造的工業用毒後來又在二次世界大戰出現，這一次出現的是氰化氫型態的「齊克隆B（Zyklon B）」，應用在納粹滅絕營裡，殺死了超過100萬人。戰爭結束之際，納粹高層更下令讓所有人以氰化物自殺，而不願被同盟國俘虜。

1946年，立陶宛維爾紐猶太人區有一猶太游擊隊伍，他們偷偷將砷帶入德國，毒死正在等待審判的納粹監牢守衛。這群猶太人在要送給牢房的3千條黑麵包上塗滿砷，不過這毒殺計畫大大失敗，只讓超過2千2百人身體不適。

投毒者在20世紀時成為大規模殺人犯，工業規模大量產製毒藥，是他們得以針對目標對象實行大規模的「懲罰」。1978年，美國牧師吉姆·瓊斯（Jim Jones）在蓋亞那瓊斯鎮命令其超過900名的信徒集體自殺；1995年，邪教領袖麻原彰晃（Shoko Asahara）在某天早晨尖峰時刻，於東京地鐵釋放沙林毒氣。

沙林是全歐洲各國祕密武備機構研發出來的冷戰時期用毒之一，但是到了21世紀，此類致命毒藥才真正出現。這些軍備等級的神經性毒劑和放射性毒素，後來在現代常見於大範圍的地理政治區域。

德國士兵在其溝渠內穿戴毒氣面具和手榴彈。
氯、光氣（phosgene）和芥子毒氣是一次世界大戰三大主要化學武器。

暗殺格里高利・拉斯普丁

格里高利・拉斯普丁在歷史上的著名地位是俄羅斯的「妖僧」，
他神祕莫測且對性愛和酒精有難以滿足的慾望，最後不僅成功打入皇室生活圈，
一生還成功從數次暗殺行動中倖存下來。

拉斯普丁被殺的聳人細節至今仍是備受爭議的議題：據說就連氰化物也不足以殺死這位強人。

拉斯普丁生於 1869 年，是目不識丁的西伯利亞農民，最後卻成為流浪四方的神祕主義者、聖人，更是沙皇私人生活的顯赫人物。透過俄羅斯東正教牧師的引薦，拉斯普丁認識了沙皇尼古拉二世和皇后亞歷山卓拉，並讓他們留下了深刻的印象。這 5 分鐘的引薦最後延長到 1 小時，拉斯普丁很快就受邀入住皇宮。

拉斯普丁在皇宮裡因為只憑祈禱，就「治癒」了王子阿列克謝的血友病，因此聲名大噪。據說會有這奇蹟是因為拉斯普丁不准任何醫生靠近，因此當時被廣泛使用的抗凝血藥阿斯匹靈成為萬靈藥。在那之後，拉

斯普丁成為皇室裡不可或缺的成員。

　　然而，拉斯普丁對俄國皇室的影響力讓許多俄羅斯高級官員感到不滿。有謠言說他為沙皇提供政治建議，與亞歷山卓拉共枕，甚至參與了聖彼得堡毒蘋果爆發霍亂的謀逆計畫。傳說拉斯普丁對所有階級的女性都有性慾，雖然亞歷山卓拉否認他的不忠，只表示「他擁有的已經夠了」。

　　這一切對於沙皇外甥女的丈夫費利克斯・尤蘇波夫（Felix Yusupov）太難接受，他認為拉斯普丁是一個必須要剷除的危險人物。於是，他邀請拉斯普丁到住處與妻子見面，根據尤蘇波夫的回憶錄（唯一有記錄其死亡的書面證據），他們為拉斯普丁送上一盤摻有氰化鉀的蛋糕，還讓他喝了幾杯摻有氰化物的酒。但驚人的是，這些毒藥似乎對拉斯普丁沒有任何效用。

　　尤蘇波夫後來用左輪手槍射擊了拉斯普丁數次，但在那之後，拉斯普丁「蛇般的綠色眼眸」突然閃了一下，攻擊向尤蘇波夫。尤蘇波夫和他的同夥追著拉斯普丁來到屋外，棒打拉斯普丁直到他死亡。他的遺體後來在涅瓦河（Neva River）被發現，拉斯普丁的死引起正反兩極回應：農民和皇室悼念他，但布爾什維克黨認為他代表了皇室的腐敗。布爾什維克黨在 1917 年推翻俄國皇室，不久後就殺死了皇族。

上圖：拉斯普丁冷冰冰的遺體從涅瓦河（Malaya Nevka River）中拉出來時滿佈創傷。
左圖：被女信徒圍繞的拉斯普丁，傳說他與許多人有染。

波蘭的德國馬伊達內克（Majdanek）滅絕營內焚化建築

氰化物

氰化物是可以多種型態存在的危險毒素。作為毒藥，氰化物其實就是無色氣體氰化氫，
或結晶化的氰化鈉（sodium cyanide，簡寫 NaCN）和氰化鉀（potassium cyanide，簡稱 KCN）。
氰化物在樹薯、水果種子和核籽如蘋果、杏桃和桃子裡自然生成，
也能從火、香菸煙霧中釋放出來，並用於製作合成物料。

簡介：

　　氰化物被認為是除了砷和番木鱉鹼之外的第三大毒藥。古埃及人已知其存在，曾記載「桃子核籽帶來的死亡」。氰化物以氣體呈現時最致命，氰化氫成分齊克隆 B 在二次世界大戰時，被用來殺死納粹滅絕營裡超過 100 萬名的牢犯。當時，滅絕營裡的人被要求脫光衣服洗澡去除頭蝨，然後被帶到偽裝成澡堂的毒氣室。齊克隆 B 丸接著從屋頂上的小洞掉入毒氣室。因為濕氣和人體溫度，這些毒丸會開始釋放氰化氫氣體，大約 1 小時左右時間，所有在毒氣室內的人就會全部死亡。1945 年，柏林納粹高官則是以氰化物膠囊自殺，而非被即將到來的蘇聯紅軍逮捕。1978 年，蓋亞那瓊斯鎮有超過 900 名居民喝下了摻有氰化物的飲料 Flavor Aid 集體自殺。

毒效：

　　氰化物中毒是利用抑制人類細胞氧化過程來生效。它會介入人體酵素運作，阻礙紅血球吸收氧氣。當細胞缺氧，化學扼殺過程就此開始。通常生效時速很快，甚至會在其他症狀出現之前就可能致死。

中毒症狀：

　　急性氰化物中毒的症狀是暈眩、頭痛、噁心、心跳變慢、失去意識、抽搐、肺部損害、呼吸道失能、困惑、昏迷和死亡。致命的氰化物劑量只需固體氰化物 300 毫克或氰化氫 100 毫克，一旦吸取或吸收到氰化物，20 分鐘內就能造成死亡。

治療方式：

　　因為氰化物作用很快，所以得端看解毒劑多快能取得，才能決定有效的治療方法。目前可以取得的氰化物解毒劑組合，包括藥物亞硝酸戊酯（amyl nitrate）、硝酸鈉和硫代硫酸鈉（sodium thiosulfate）。

著名毒害事件：

· 1950 年代晚期，俄羅斯 KGB 特務博賀丹·施塔辛斯基（Bohdan Stashynsky）以氣槍暗殺烏克蘭民族主義領袖列夫·雷貝特（Lev Rebet）和斯捷潘·班傑拉（Stephan Bandera），射擊時會從壓碎的氰化物膠囊釋出氣體。

· 1982 年，芝加哥有 7 個人因為服用摻有氰化物的止痛藥泰諾（Tylenol）而死亡。雖然這起事件確實發現止痛藥包裝被人動過手腳，但最後還是沒能找到下毒者。

· 2013 年，辛巴威有盜獵者將用在挖金礦的氰化物丟入飲水處，結果殺死了超過 300 隻大象和其他非洲動物，多人因為吃了遭到感染的肉也因此身亡。

希特勒服氰化物之令

1945 年 4 月 30 日在阿道夫・希特勒的寢室，電報機裡傳來消息：
德軍未能成功突破被蘇聯軍隊包圍的柏林。

希特勒所謂的「千年帝國（1,000-year Reich）」和第二次世界大戰如今勢在必行，比起讓敵方抓捕，希特勒、妻子愛娃・布萊恩（Eva Braun）和他手下的高階軍官便使用氰化物自殺。

希特勒聽見德軍失敗的消息後，他輕聲地與納粹黨領導（Nazi party Chancellery）馬丁・鮑曼（Martin Bormann）交談，並與副官奧托・根舍（Otto Günsche）握手。希特勒告訴根舍可以解散所有德國士兵。希特勒與妻子愛娃・布萊恩後來關上書房的門，根舍則告訴外頭的人不要打擾他們。

碉堡內的每個人都沉默無聲，緊張地等待，最後終於有了騷動。守衛洛胡斯・米施（Rochus Misch）打開了書房的門，揭露門內的情況：「我先看到愛娃，她膝蓋曲起，頭部倒向希特勒，鞋子則放在沙發下；她旁邊的是……希特勒的遺體，他雙眼睜得大大的，頭部稍微往前傾。」

希特勒和布萊恩皆使用了氰化物的玻璃安瓿，希特勒並朝自己頭部開槍。他們的遺體被帶出碉堡後門，按照了希特勒吩咐亨茲・林格（Heinz Linge）的那樣淋上汽油：「你絕對不能讓我的屍體落入俄羅斯人手中，他們會在莫斯科讓我的屍身出醜，製成蠟像。」

希特勒過世後，他麾下的高階官員們也開始自殺。新領導約瑟夫・戈培爾（Joseph Goebbels）與妻子瑪格達，在臥房殺死了他們的 6 名孩子。他為孩子們注射了嗎啡，逼他們服用氰化物玻璃安瓿，瑪格達哭著離開房間，坐在桌邊等候。5 月 1 日，這對夫妻走出碉堡，咬破了玻璃安瓿後飲彈自盡。

二次世界大戰的最後幾天，有更多名高階納粹軍官和知名德國將領自殺。設計大屠殺猶太人的海因里希・希姆萊（Heinrich Himmler），以及納粹黨領袖赫爾曼・戈林（Hermann Goering），都在遭敵人逮捕後以氰化物自殺。

5 月 3 日，蘇聯軍隊的士兵進入了地下碉堡，發現了戈培爾死去的 6 名孩子遺體，他們的面容因為氰化物中毒而顯得恐怖。近期也被證實，納粹滅絕營裡有將近 100 萬名遺體是因為氰化物而死。

1945 年 5 月 2 日
《紐約每日新聞》（New York's Daily News）
的頭版

118

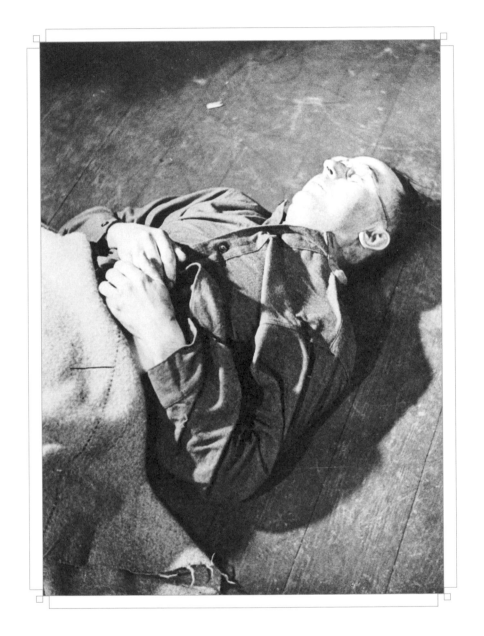

希姆萊的遺體在使用氰化物藥錠自殺後，被拍下了照片。
他總共花了 15 分鐘才死亡。

艾倫・圖靈的悲劇

1954 年 6 月 8 日，艾倫・圖靈（Alan Turing）被人發現陳屍在自家床上。
圖靈是數學天才，曾破解恩尼格瑪密碼（Enigma code），是電腦科學的先驅，
最後卻落得服用氰化物自我了斷的下場。

據說他的屍體旁有顆吃了一半的蘋果，果皮上塗了毒藥。不過，有些人認為圖靈並不是自殺，而是意外身亡，甚至有可能是遭人陷害。

1950 年代早期，圖靈是備受敬重的數學家，在曼徹斯特大學研究突破性的人工智慧理論。二戰期間，納粹陣營使用恩尼格瑪密碼機來傳送加密的戰時指令，一直都沒有人能成功解密，最後是多虧了圖靈發明的英國炸彈機（British Bombe）才破解，但他同事做夢也沒想到炸彈機背後的推手竟然是他。在那之後的許多戰役中，同盟國都因而得以攔截敵方通訊，其中也包含關鍵的大西洋海戰（Battle of the Atlantic）。有些人認為，就是因為恩尼格瑪密碼被破解，所以戰爭提早了 2 年結束，有數百萬人因而免於喪命。

圖靈是戰爭英雄，但他破解恩尼格瑪密碼的工作是高度機密，他一個字都不能透露；此外，他也因為同性戀的身分，被視為可能脅迫到國家安全的危險分子。在當時，這樣的性傾向是有罪的，

圖靈設計的炸彈機背面。
破解恩尼格瑪密碼的就是這台機器。

所以情報單位有許多人認為圖靈可能會在同性戀者的蠱惑、勒索下，說出國家機密。

圖靈的同志身分之所以會曝光，是因為他的住家某次遭竊時，曾告訴警方可能是他男性交往對象的朋友下的手。警方在震驚於這番坦誠之餘，也將他逮捕並以嚴重猥褻罪起訴。為了避免坐牢，圖靈接受了以降低性慾為目標的荷爾蒙療法，一整年都得持續接受雌性激素注射，最後不僅變胖、長胸部，還面臨不舉的問題。

療程結束後，情報單位發現圖靈仍繼續和同志交往，有些對象甚至是來自鐵幕（Iron Curtain）後的國家，所以會不會是當局殺了他，然後故意弄得像自殺？還是圖靈被定罪並接受治療後，真的抑鬱到要自我了斷？又或者是他頻繁地在房間裡進行氰化物實驗時，不小心吃到了一點？無論真相為何，圖靈的死對英國來說都是一大英才的殞落。2017 年，《艾倫・圖靈法》（Alan Turing Law）溯及既往地赦免了因同性戀犯罪法（現已廢除）而遭到起訴的所有男性。

數學家圖靈

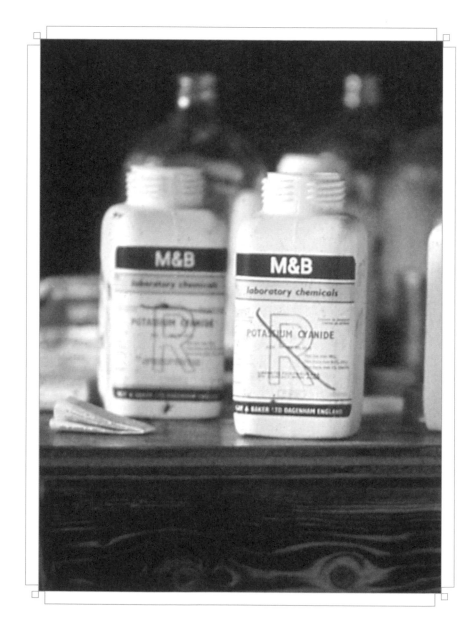

當局在瓊斯鎮發現許多氰化鉀，圖為其中幾罐。

瓊斯鎮大屠殺

1978 年 11 月，牧師吉姆・瓊斯（Jim Jones）的人民聖殿教（People's Temple）信徒，
在蓋亞那瓊斯鎮（Jonestown）接到了「白夜」（White Night）緊急召喚。

現場有人發放紅色液體要他們喝下，還說裡頭有毒，45 分鐘內就會讓他們身亡，結果最後卻沒有人死亡。瓊斯對這起事件的說詞是那只是彩排，沒想到不久之後，美國史上最大規模的集體服毒自殺案竟然真的發生了。

身為牧師的瓊斯，最初是在 1955 年於印第安納波利斯成立人民聖殿，目的是要打造以多種族為核心的新社會主義社群。在美國種族隔離的年代，這樣的概念非常先進。瓊斯在布道時，似乎能施展讀心術，並替人治好殘疾，所以憑藉自身魅力吸引了數千名信眾。到了 1973 年，瓊斯也在舊金山和洛杉磯設立人民聖殿，並成為政治人物和媒體都十分敬重的牧師。他也在加州的尤奇亞鎮（Ukiah）外圍替信眾成立聚落，據他所說，當時核彈屠殺已迫在眉睫，而尤奇亞鎮正是少數能倖免的地點之一。

瓊斯在檯面上的形象甚受歡迎，但關起門來之後，在人民聖殿的他就像變了一個人似的，會毆打、勒索信眾，透過儀式加以羞辱，並逼迫大家簽字把財產過繼給他。他慫恿家人互相監視，還洗腦黑人信眾，讓他們相信如果離開聖殿，就會被政府抓到集中營去。後來，某些信徒以財產詐騙、性騷擾與肢體暴力等罪名指控瓊斯，他也因而決定把聖殿搬到蓋亞那，並在當地成立名為「瓊斯鎮」的社會主義烏托邦。

瓊斯是聖靈降臨派（Pentecostalism）牧師，自稱是先知，後來控制慾越來越強，對權力也逐漸上癮。

1977 年，大約有 1 千名聖殿成員從美國移民到瓊斯鎮。這個社區位處偏遠叢林，信眾每週六天都得從早上六點半辛苦勞動到晚上六點，然後還得聽瓊斯講道，主題不外乎是社會主義、革命和聖殿的敵人——基本上就是以前的信徒和他認為信奉資本主義的美國政府。瓊斯的銀行帳戶裡有數百萬美元，但信眾卻營養不良、疾病纏身，美國媒體與政府同時也接獲某些人想離開卻被迫留下的消息。

到了 1978 年，瓊斯已嚴重對藥物上癮，而且有如妄想症般地認為中情局會以武力突襲瓊斯鎮。他開始發出「白夜」緊急召集令，要大家預演「革命性自殺」——其實就是用「好滋味」（Flavor Aid）這種飲料粉泡成果汁，並摻入氰化物，要瓊斯鎮的居民全都喝下，藉此大規模地毒害所有信徒。

好滋味飲料粉

瓊斯鎮的好滋味果汁內含有毒氰化鉀和氫化氯，以及抗焦慮藥物、抗組織胺藥物及氯醛水化物等鎮靜劑。氫化氯會引發心臟病，是美國監獄用來執行死刑的注射劑；另一方面，氰化物會造成劇烈反應，使人死得很痛苦，感覺就像被勒到窒息，因此會添加鎮靜劑，應該就是為了緩解。

氰化物攝入人體後，會使人體細胞無法使用氧氣來製造能量分子，進而導致細胞缺乏養分，造成心臟與呼吸道功能衰竭，讓受害者的呼吸變得很不規律，接著四肢抽搐、全身痙攣。許多人的臉部會非常扭曲，呈現有「氰化物笑容」（cyanide rectus）之稱的死亡微笑。研究人員檢驗了瓊斯鎮的 7 具屍體，但並未發現氰化物笑容的跡象，不過，這並不代表他們是安詳地死去──就錄音資料聽來，在瓊斯最後一次布道的同時，應該有瀕死的信眾淒慘地在遠處尖叫。

當局趕到瓊斯鎮後，發現 900 多具臉部朝下的屍體，而且因為叢林炎熱，屍體已開始腐爛。

1978 年 11 月，美國國會議員里奧·萊恩（Leo Ryan）率領一群記者和親屬關懷團（Concerned Relatives，由人民聖殿的前信眾組成）到蓋亞那調查瓊斯鎮。瓊斯下令信眾演奏現場音樂並舉辦歡慶活動，以預演雙方的會面。但到了當天，他卻憔悴不堪地現身，顯然是藥物上癮且疾病纏身。瓊斯對記者蒂姆·雷特曼（Tim Reiterman）大聲訓斥，滿口都在談殉難和陰謀論。「我親眼看到他眼神呆滯，被害妄想症似乎越來越嚴重，然後又意識到將近 1 千個人的性命都掌握在他手中，包括我們在內，那種感覺實在很可怕。」雷特曼這麼寫道。

隔天，萊恩和幾名前信眾企圖離開瓊斯鎮，但卻遭到襲擊。後來，持武器的瓊斯鎮居民又開拖曳機到附近的飛機跑道繼續攻擊，並對萊恩的私人飛機開槍，共造成 5 人身亡，包括萊恩在內。與此同時，瓊斯更把信眾召集到鎮上的大棚屋，告訴他們萊恩會死，還說政府隨後就會以暴力手段拿下瓊斯鎮。說完後，便下令所有人執行「革命性自殺」。

瓊斯用大聲公布道的同時，助手也在一大桶的好滋味果汁內摻入氰化物和鎮靜劑，並按照他的要求，先用針筒注入孩童的嘴巴。他命令信徒「要帶有一定的尊嚴死去……不管聽到多少尖叫聲都一樣。」接下來，則輪到成人用塑膠杯喝下毒藥。不過有些人的手臂上有針孔，似乎是被迫注射。棚屋周圍有許多持槍和十字弓的守衛，負責確保瓊斯的指令有確實執行，至於身為教主的他則是死於槍傷。

1978 年 11 月 18 日當天，瓊斯鎮共有 900 多人身亡。在 2001 年的 911 恐攻事件前，這是美國最大規模的平民非自然集體死亡事件，而且當中有超過 300 人都是孩童。雖然這起事件後來被歸類為集體服毒自殺，但許多人都認為這根本是大型謀殺，而兇手就是洗腦與脅迫手段用盡，但信眾仍視其為「聖殿之父」的瓊斯。

氰化鉀

氰化物是碳和氮連結後形成的 CN 化合物，能以許多形式存在，譬如氰化氫是氣態，氰化鈉和氰化鉀則為固態結晶。瓊斯取得珠寶商證照後，聲稱需要氰化鉀來清洗黃金，藉此多次運入這種化學物質，還命令瓊斯鎮的一名醫生用豬來測試毒效。從那位醫生留下的筆記來看，約莫 2 公克的毒藥就能殺死體型相當大的豬隻。另一方面，氰化氫的毒性其實比氰化鉀更強，納粹高層官員當年自殺時，藥裡的主要成分就是這種物質——劑量夠高的話，氰化氫只需要幾秒就能使成人喪命。

蓋亞那瓊斯鎮聚落的空拍圖。照片顯示在聚落中央的大棚屋周圍，有許多屍體四散。

CRIPPEN.

THE ARREST.

COLLAPSE OF MISS LE NEVE.

INSPECTOR DEW'S DISGUISE.

DRAMATIC SCENE.

CAPTAIN KENDALL'S FULL NARRATIVE.

Dr. H. H. Crippen and Miss Ethel Le Neve were arrested in the Montrose at 9.30 yesterday morning (2.30 p.m. Greenwich time). They were described in the police notice as, "Wanted for murder and mutilation."

Scotland Yard at 4.5 p.m. received the following message from Inspector Dew, who had formally identified them:—

Crippen and Le Neve arrested. Will wire later.—Dew.

This wireless pursuit of Crippen is due alone to the acumen, astuteness, and ability of Captain Kendall, of the Montrose, whose exclusive messages to the "Daily Mail" have been a triumph of detective journalism.

Inspector Dew and the Canadian police were disguised as pilots when they boarded the vessel. Crippen betrayed anxiety as the boat approached, but was taken quite unaware when the police accosted him. Miss Le Neve almost collapsed.

Both were subjected to a lengthy examination by Mr. Dew, and it is understood that Crippen admitted his identity, and said that he was glad that the suspense was over. Several diamond rings were found in his possession.

He is charged with the murder and mutilation of his second wife, Mrs. Cora Crippen, known as Belle Elmore on the music-hall stage. The circumstances of the case are fully told on the next page. The Montrose carried him and the police on to Quebec yesterday. According to cablegrams, he will be sent immediately.

THE ARREST.

(From Our Special Correspondent.)
FATHER POINT (viâ Rimouski).

Sunday Afternoon.

The long arm of British law reached its goal at half-past nine this morning, when two miles out in the River St. Lawrence Inspector Dew, of Scotland Yard, disguised as a pilot, pointed his finger confidently at a little man pacing the deck of the steamer Montrose

to see that he was having a difficult time over his rôle as pilot, and itched to assert himself as an officer of the law.

Captain Kendall, Chief Constable Mc-Carthy, and Inspector Dew chatted at the companion way. Detective Denis and Gaudreau turned forward to the wheelhouse.

Dr. Stewart and "Robinson" were walking up the deck. "Robinson" passed so close to Mr. Dew that the latter could have touched him. Still not a move was made. Inspector Dew was sizing up his quarry carefully—pitilessly. There could be no mistake. "Robinson" coughed slightly and turned towards the captain as though to ask a question. He was perfectly unconscious of the true state of affairs.

"Captain ——" he said almost jovially, tilting his grey hat to the back of his head. But that was all. His face became a blank; his knees shook together; and his arms went up as though to protect himself.

"I want to see you below a moment!" said Mr. Dew, with his characteristic lisp.

Then turning to Chief Constable McCarthy, he said, "That is the man!"

"I arrest you in the name of the King!" said Mr. McCarthy. "You are my prisoner! Anything you say will be taken down in writing and will be used against you at your trial!"

The passengers and crew, knowing for the first time that something out of the ordinary was going on, commenced to collect. Mr. McCarthy hustled his prisoner, not unkindly, down below.

As they were descending the narrow ship's stairs, Crippen said, "Have you a warrant? What is the charge?" Mr. McCarthy produced his authorisation for making the arrest—given him by Judge Angers, of Quebec.

Crippen grasped it before the Chief of Police could prevent him, and read it greedily. "Murder and mutilation!" he muttered to himself. "Oh, God!"

He threw the warrant on the floor of the passage, and walked to his cabin absolutely passive.

A few seconds later a woman's shriek told those above that Miss Le Neve had been discovered and arrested. She had recognised Inspector Dew in the semi-darkness of the passage, as she was emerging from her cabin to join Crippen.

When Mr. McCarthy entered he found her lying on the bed, fully dressed in boy's clothing. Her limbs were trembling and her face was as white as death. Mr. McCarthy said afterwards he thought she would break down immediately, but she recovered herself wonderfully, and when Inspector Dew came into the cabin she was quite composed.

As the pilot's boat swung away from the Montrose, Inspector Dew, Captain Kendall, Chief Constable McCarthy, and the two prisoners were closeted in the captain's cabin.

"GLAD SUSPENSE IS OVER."

THE "DAILY MAIL'S" WIRELESS MESSAGES.

CAPTAIN KENDALL'S NARRATIVE.

EXCLUSIVE TELEGRAMS.

The wireless telegram to the "Daily Mail" from Captain Kendall, of the Montrose, which appeared in our issue of Saturday, was the only wireless message sent by Captain Kendall to any newspaper.

On Saturday, July 23, the "Daily Mail" was the only newspaper to know that persons resembling Dr. Crippen and Miss Le Neve were on board the steamship Montrose. A wireless telegram was then despatched from London to Captain Kendall, asking him if he had Dr. Crippen and Miss Le Neve on board, how he had established their identity, and if they knew they were suspected. This was transmitted by the Marconi Company. The Montrose was then out of reach of the land stations, and the message was telegraphed from ship to ship until it reached the Montrose in mid-Atlantic.

Captain Kendall was then unable to reply direct to England, owing to the distance from land.

A similar message was sent to him on behalf of the "Daily Mail" by our Montreal representative, viâ the Belle Isle wireless station. In this message Captain Kendall asked to transmit his reply through our Montreal representative, who is connected with the "Montreal Star," so that he might forward it on to London.

On Friday last Captain Kendall courteously sent by wireless to our correspondent at Montreal, viâ Belle Isle, his first telegram, explaining why he believed "Mr. Robinson" and his "son" to be Dr. Crippen and Miss Le Neve. His telegram, it will be remembered, concluded with these words: "This is the first account that has been transmitted from this ship to any newspaper."

The wireless telegram in question was published in the "Montreal Star" of Friday last, and also, by arrangement with the "Daily Mail," in the London "Evening News" on the same day, and this was the first and only account by Captain Kendall or anybody in the Montrose given to the world.

In the early hours of Saturday morning the first portion of another long remarkable wireless message from Captain Kendall was received by the "Daily Mail" through the same channel, and appeared in the Boulevard Edition. The wireless connection, however, with the Marconi station was lost in the middle of the message, and the remainder of the telegram was received on Saturday afternoon, thirteen hours later.

The full text of this remarkable and exclusive message appears in another column of our issue to-day. The "Daily Mail" was the only newspaper which had a special correspondent on board the Laurentic, the vessel in which Chief Inspector Dew travelled to Rimouski. This correspondent sent a very interesting wireless message on Friday, telling the

克里朋被捕後，《每日郵報》（*Daily Mail*）刊登了多欄的專文報導。

霍利・克里朋的順勢療法

醫生霍利・克里朋（Hawley Crippen）和寇拉・托娜（Cora Turner）感覺非常不搭：
托娜是個很想成功的歌手兼舞者，說話大聲、體型豐滿還有點邋遢；
克里朋在她身邊則顯得有些渺小、沒什麼架子，而且得體又有禮貌。

他們在 1892 年結婚，但 18 年後，克里朋卻被控毒殺寇拉，還把她的屍體肢解並埋在地板下。情況怎麼會發生這麼戲劇化的轉變呢？

克里朋和托娜在紐約相遇，於費城結婚，並且在 1897 年因為克里朋想發展順勢療劑的郵購事業而搬遷到倫敦。克里朋有太多次都沒能現身支持托娜的演藝事業，不過她在這方面似乎也不怎麼有天分就是了。後來他丟了工作，改到倫敦的一間診所當諮詢醫師，並在那裡愛上了端莊嫻靜的 18 歲助理伊莎・妮芙（Ethel "Le Neve" Neave）。

至於托娜則忙著在倫敦戲劇圈當社交花蝴蝶，擔任當地音樂廳女性同業公會（Music Hall Ladies' Guild）的募款人，也會把朋友帶到環境宜人、位於霍洛威（Holloway）的克里朋大宅「坡落新月 39」（39 Hilldrop Crescent）同歡作樂。寇拉四處婚外情是公開的祕密，但克里朋似乎毫不知情，一直到某天撞見寇拉和某個寄宿者同床後才發現。自此之後，兩人雖然仍住在同一個屋簷下，卻早已無夫妻之實：她仍舊到處嬉戲調情，克里朋也和妮芙繼續外遇。

到了 1910 年，克里朋已無法再忍受住在坡落新月 39 的日子，在寇拉威脅要抖出他和妮芙外遇的事之後，他便決定要親手把

她給處理掉。他找來可用做鎮靜劑的毒藥氫溴酸東莨菪鹼（hyoscine hydrobromide），總共 320 毫克左右，並啟動了殺人計畫。在那之後，就沒有人再見到寇拉了。幾天後，音樂廳女性同業公會收到一封辭職信，署名是寇拉，裡頭說她要回美國照顧生病的親戚；同時，妮芙則搬進坡落新月，開始以克里朋的太太自居。

後來，是因為妮芙開始穿戴寇拉的珠寶和衣服，女性同業公會的人才開始有所警覺，覺得情況似乎不太對勁。她們纏著克里朋不斷問寇拉的事，問她為什麼好像人間蒸發似的，最後，克里朋發了一封電報給同業公會，說寇拉突然在美國過世了。公會十分震驚，特別是因為電報中提到屍體會火化，但偏偏這跟她的天主教背景相悖，所以會員懷疑事情有鬼，並通報了倫敦蘇格蘭場（Scotland Yard）的警方。

蘇格蘭場的警長華特・戴奧（Walter Dew）來到坡落新月後，克里朋承認自己的確說了些謊，但辯稱是因為寇拉跟情人跑到美國展開新生活，讓他覺得臉上無光，所以才撒謊掩飾。謊言說得很有說服力，所以戴奧也就相信了。沒想到他再回到坡落新月要詢問一些後續問題時，卻發現克里朋和妮芙已經逃離英國。

光是這件事，就足以讓戴奧下令徹查坡落新月，結果也十分駭人。寇拉的屍體被埋在地板底下，但只有軀幹，頭部、手腳和生殖器都已被切除，骨頭也全數拔光，不過仍可看出腹部開過刀的痕跡，很顯然是寇拉無誤。此外，其遺體內更驗出了東莨菪鹼，讓克里朋想賴也賴不掉。於是，當局對克里朋和妮芙發出了逮捕令。

這時，克里朋人已在前往加拿大的蒙特羅斯號（SS Montrose）船上，他自稱為羅賓森（Robinson），還說妮芙是他10多歲的兒子。不過，妮芙扮男孩子根本不像，而且兩人的擁抱充滿愛意，看起來也不像是父子那麼單純，所以蒙特羅斯號的船長壓根不相信，並透過當時才剛發明的電報技術通報了蘇格蘭場：「強烈懷疑倫敦地窖殺人犯克

里朋和共犯混在乘客中，八字鬍已刮掉，改留落腮鬍；共犯扮成男孩，但從舉止和體型來看，肯定是女性。」

戴奧馬上搭了下一班開往加拿大的快船，在蒙特羅斯號靠岸時，逮到了克里朋和妮芙。「早安，克里朋醫生，我是蘇格蘭場的總警長，還記得我嗎？」戴奧這麼說，而克里朋則回答：「我一點都不愧疚，她實在把我搞得太焦慮了。」

後來，克里朋在倫敦的審判持續了4天，當局也找到了寇拉留下的其他物證：包括她不完整的肝和腎、卡了她頭髮的髮捲、還有克里朋睡衣的碎片。克里朋並沒有認罪，但他先前對音樂廳女性同業公會說了一大堆謊，陪審團顯然有考慮到這一點，所以不到半小時就判定他有罪。1910年11月23

藝名為貝拉‧艾爾摩（Belle Elmore）的寇拉‧克里朋是劇場界的社交名媛。曾有過許多外遇，許多人都認為她和克里朋很不相配。

真的是克里朋下的手嗎？

2007年，毒理學家約翰‧特斯垂爾（John Trestrail）決定要重新檢驗克里朋殺害寇拉的證據。克里朋始終聲稱他無罪，而且這起謀殺事件有多處都不太符合一般毒殺犯的手法。舉例而言，會選擇下毒，通常是因為不想對屍體進行不必要的切割，偏偏寇拉又被肢解，這似乎不太合邏輯。

美國密西根大學的鑑識檢驗人員比對了寇拉後代的基因，以及從坡落新月地底那具軀幹皮膚取出的DNA，結果很清楚：寇拉家族的粒線體DNA好幾個世代以來都沒改變，但卻與軀幹上的不符；更令人驚訝的是，研究團隊發現從軀幹上取出的DNA含有Y染色體，也就是說，屍體的主人根本是男性。許多人認為這並不足以證明克里朋的清白，但我們至少可以確定他並沒有將太太謀殺、肢解，並把她的軀幹埋在家中的地板下。

日，克里朋在彭頓維爾監獄（Pentonville Prison）被吊死。

不過，克里朋死前倒是有成功說服法院相信妮芙與寇拉的死無關。陪審團考慮了 12 分鐘後，決定將她無罪釋放。在克里朋被處決當天，妮芙搭船前往多倫多，後來又以伊莎・哈維（Ethel Harvey）這個名字重返倫敦再婚，最後死於 1967 年。至於克里朋大宅坡落新月 39，則在二戰時被德軍的炸彈摧毀。

被逮捕的克里朋和妮芙走下蒙特羅斯號。妮芙雖扮成男孩，但船長完全不信。

喬治・馬可夫雨傘謀殺案

1978 年 9 月的一個傍晚，喬治・馬可夫（Georgi Markov）
在倫敦的滑鐵盧橋（Waterloo Bridge）上等公車，大腿卻被尖銳物刺中。

一名體格厚實的男子在馬可夫身旁掉了雨傘，用很重的外國腔咕噥了一句「抱歉」後，便跳上計程車離開，3 天後，馬可夫就死了。後來，大家才發現這是一起令人毛骨悚然的冷戰謀殺事件，戲劇化的程度簡直可比伊恩・佛萊明（Ian Fleming）的間諜故事。

馬可夫是保加利亞作家，也是異議分子，當地的共產政府一直視他為眼中釘。為了報復，還對他的劇作執行審查，並在他某本小說仍在印製階段時，就直接下令禁止出版。

1969 年，馬可夫決定逃到倫敦，並繼續透過英國廣播公司國際頻道（BBC World Service）的節目批評母國政府，而且攻擊保加利亞領導人托多爾・日夫科夫（Todor Zhivkov）的核心集團時最是刻薄狠毒。日夫科夫曾宣稱馬可夫「不配當人」，還在他未能出席審判的情況下，以叛逃罪為由，判他 6 年有期徒刑。

滑鐵盧橋事件發生時，馬可夫正要返回他在多塞特郡（Dorset）的小屋。當局後來發現，他是被一把「雨傘槍」射中，槍上裝有壓縮空氣管，將一顆針頭大小的金屬小珠射入了他的大腿。這顆珠子的直徑僅 1.52 公釐，是珠寶商會用於手錶的承軸，上頭鑽了兩個直徑 0.34 公釐的小孔，在內部形成 X 形的空間——要想在硬合金上鑽出這樣的洞，必須要有高明的雷射技術才辦得到。

珠子內的小孔表面有上蠟，小珠射入馬可夫的腿後因為體溫而融化，接著便釋放出大約 0.2 毫克的植物性毒素——後來確認是蓖麻毒蛋白。雖然驗屍人員並沒有在屍體中找到殘留，但毒理學家認為從他的中毒症狀來看，肯定就是這種毒性物質在作祟。後來科學家也在豬隻體內注入劑量差不多的蓖麻毒蛋白，來證明理論正確。

在注射 6 小時後，豬隻便都開始發起高燒，白血球數量大增，並有內出血的現象——馬可夫就是死於內出血，而且是在被攻擊後的短短數小時內就喪命。後來，種種線索也慢慢開始兜在一起：CIA 向來知道蓖麻毒蛋白是由蘇聯和親蘇國家發展出來的武器，而且保加利亞的情治單位先前已攻擊過另一名異議人士弗拉迪米爾・科斯托夫（Vladimir Kostov），採用的手法類似，也是將小珠射入他的頸部。不過和馬可夫不同的是，科斯托夫活了下來，並說出他的故事。雖然當局在保加利亞政府的支持下，於 2008 年重新調查了馬可夫的謀殺案，但始終仍無法完全破案。

KGB 雨傘槍

馬可夫在逃離保加利亞、投奔英國後拍攝的照片。
一直到現在,當局都還沒能將謀殺他的人定罪。

蓖麻植物彩繪

蓖麻毒蛋白

蓖麻毒蛋白是一種毒性極強的物質，萃取自可用於製作蓖麻油的植物「蓖麻」

（學名為 Ricinus communis），通常會研磨成白色粉末。

簡介：

　　蓖麻中的毒蛋白本身就具有非常強的毒性，光是 20 株蓖麻就能使一名成人喪命。製成粉末的話則更致命，通常只需大約 1.78 毫克就能殺人。蓖麻的分離程序很簡單，20 世紀初期時，英美都曾用它做炸彈的覆膜和填料；在冷戰期間，蘇聯的 KGB 及共產國家則拿來當武器，1970 年代被謀殺的著名受害者有保加利亞的馬可夫（詳見 P130-131）及科斯托夫。在本世紀初，蓖麻毒蛋白又再次成為恐怖攻擊的手段：2013 年，紐約市長麥克・彭博（Michael Bloomberg）和當時的總統歐巴馬都曾收到內含這種毒物的信件，所幸兩封信都被攔截；此外，當局也曾在 2018 年發現寄送到美國五角大廈的包裹含有蓖麻毒蛋白。

毒效：

　　受害者通常是因為攝入、吸入或被注射這種物質而中毒。蓖麻毒蛋白中有兩種毒性物質，其中一種會穿透人體細胞、製造出通道，讓另一種物質通過並癱瘓細胞製造蛋白質的能力，導致細胞死亡。蓖麻毒蛋白一旦進入受害者血液後，毒素就會擴散到身體的各個部位，不過由於毒性發揮得很慢，所以中毒症狀要在 4 小時到 1 天後才會出現，接著，視劑量而定，中毒者會歷經 3 到 5 天的痛苦折磨，最後喪命。

中毒症狀：

　　蓖麻中毒後，起初的典型症狀包括呼吸困難、發燒、咳嗽、胸悶、作嘔等等，接著則可能出現嘔吐、腹瀉帶血和血壓過低等情況，有時還會肺部積液。毒物如果再擴散，會造成呼吸系統衰竭，肝和腎也可能停止運作，最後引致死亡。

治療方式：

　　蓖麻中毒沒有解藥，醫護人員只能盡量將毒物從體內沖掉，有時會用碳來洗胃。

著名毒害事件：

· 蘇聯異議分子兼小說家亞歷山大・索忍尼辛（Aleksandr Solzhenitsyn）曾在 1971 年被 KGB 用蓖麻毒害，但活了下來，後來在 2008 年死於心臟病。

· 1981 年，CIA 雙面間諜波里斯・科爾札克（Boris Korczak）被內含蓖麻毒蛋白的子彈射中腎臟。這起事件幾乎可以確定是 KGB 下的手，不過科爾札克的腎臟把子彈像腎結石般排出，最後他活了下來。

· 2014 年，美國青少年尼可拉斯・赫爾曼（Nicholas Helman）寄了一張含有蓖麻毒蛋白的刮刮嗅聞生日卡給前女友的新男友。赫爾曼行跡敗露後和警方叫囂了一陣子，但終究被捕。

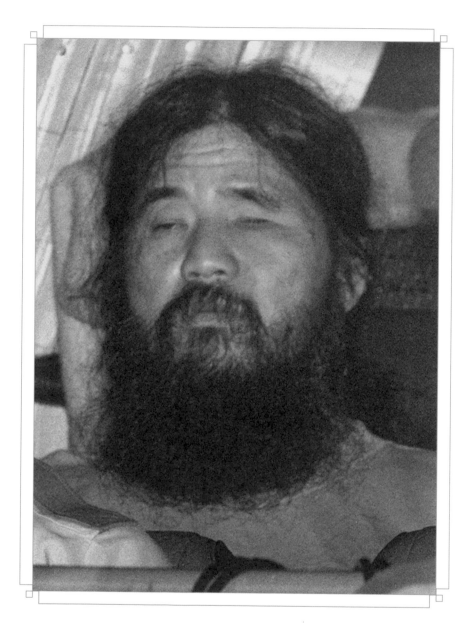

麻原真理教教主彰晃 1995 年被捕後拍攝的照片；他在 2018 年被吊死。

東京地鐵沙林毒氣事件

1955 年 3 月，半盲的麻原真理教（Aum Shinrikyo）
教主麻原彰晃（Shoko Asahara）接到一則令他擔憂的告密消息：
一名任職於政府機關的教徒發現，警方將對他的末日邪教總部發動突襲。

彰晃因此下令 5 名教徒進行大規模恐怖攻擊，希望讓全世界都毀滅。他們的目標是東京地鐵系統，使用的毒物則是致命的神經毒氣「沙林」。

3 月 20 日，東京的通勤者塞入全世界最擁擠的地鐵時，大概都覺得那天的尖峰時間和平常沒兩樣。殊不知一同搭上車的還有 5 名麻原真理教徒，每個人都帶著裝有沙林的塑膠袋，外頭用報紙包著。沙林是一種容易揮發的致命毒物，一開始是由納粹所製造。這種液體一旦釋出後會馬上氣化，然後大規模地擴散到各個角落，所以數千名乘客都命懸一線。

這 5 名真理教徒並不像一般的恐怖分子：其中 3 人擁有物理學位，還有 1 人是執業許久的醫生。此外，他們也沒打算與地鐵乘客同歸於盡，所以每個人身上都帶有一管硫酸阿托品注射液（atropine sulphate），可以解沙林的毒。然後，在一樓接應的司機會把他們送回邪教總部，接受教主英雄式的歡迎——深具個人魅力的彰晃在全球有 4 萬多名信徒，他所創立的麻原真理教派也已獲得認可，算是正式宗教。

早上八點時，攻擊計畫正式啟動。5 名教徒搭上了路線各不相同的地鐵，希望造成最多死傷。他們每個人都把 2、3 包沙林放在腳邊，然後用頂端已特意削尖的雨傘刺破，讓液體蒸發成致命的無形毒氣，接著便自顧自地逃命。不過，其中 1 人的手法太笨拙，在刺破沙林時，就已先讓自己中毒，所以必須在搭車潛逃的同時注射解藥。

被留在地鐵上的乘客很快就覺得眼睛和鼻子很癢，不久後便開始劇烈發抖、咳嗽，有些人甚至嘔吐了起來。許多人後來表示，車上的空氣變得很濃重，聞起來像顏料的稀釋劑。乘客紛紛大叫趕快下車，恐慌情緒也很快地蔓延開來。

某幾節車廂的人按了緊急停車鈕，並成功下車呼吸到乾淨的空氣，不過仍有很多呼吸困難、鼻孔流血的乘客倒在月台上。不久後，車廂內和月台上就癱了一大堆人。許多受害者嚴重抽搐，有些則喪失意識，同時，有幾列車則載著沙林繼續往市中心行駛。當時大家還不知道那種神祕的毒氣是什麼，後來，日本媒體把那些車廂稱為「移動式毒氣室」。

彰晃希望藉由在東京地鐵上散播沙林殺害數千人，讓美軍不得不涉入。他認為這樣一來，大家就不會再關注他的邪惡計畫，美日兩國也會以核武開打。他還對教徒許下承諾，說會讓他們活過伴隨戰爭而來的世界末日，並把大家帶到神祕的理想國（Shambala）和他一起生活。

不過，東京地鐵事件的死亡數並不如彰晃預期，雖然這是日本境內最嚴重的恐怖攻擊，但僅有 13 人死亡，受傷的則有 5 千 5 百人。許多傷患後來都身陷長期病痛，尤其是眼部問題和創傷後遺症。死亡人數之所以不多，原因在於教徒是使用等級較低且處理不當的沙林，不過這其實有點令人訝異：彰晃曾在 1994 年因為真理教土地爭議，而使用高等級的沙林企圖謀殺負責判案的法官。當時，他是透過卡車上的風扇在松本市（Matsumoto）的法官住家周遭散播沙林。該起攻擊共造成 8 人死亡，500 人受傷。

有鑑於松本市的事件，東京地鐵攻擊發生後，警方馬上就將矛頭指向彰晃。1995 年 5 月，數千名警官突襲麻原真理教的據點，包括位於東京的總部，並在裡頭搜出爆裂物、數百萬現金、俄羅斯軍用直升機及化學武器，當中也包含足以殺害 4 百萬人的沙林。此外，麻原真理教的實驗室也自製迷幻藥、冰毒和吐真劑，當局更發現監禁了囚犯的牢房。

在突襲期間，共有 150 多名教徒被捕，最後，警方也終於在一道假牆後的小房間裡，發現了身穿絲質睡衣，並帶著睡袋和一大疊現金的彰晃。在審判期間，彰晃說話很沒邏輯，並不斷咕噥，因此辯方以心智能力不足為由上訴，要求撤銷死刑。但有鑑於彰晃能與拘留中心的人正常溝通，所以判決維持不變。2018 年 7 月 6 日，他和邪教的其他 6 名教徒一起被吊死。

麻原彰晃

麻原彰晃本名松本智津夫（Chizuo Matsumoto），生於 1955 年，在 1987 年成立了末日邪教麻原真理教，並在 1989 年登記為正式宗教。他混用印度教、佛教元素及基督教末世預言，並寫了數本宗教著作，聲稱他是基督再世，願意背負信眾的罪，並把靈力歸還到他們身上。他邀請信眾在入教典禮上服用大量迷幻藥，有時還會將人倒吊施以休克療法，然後鼓吹教徒戴上一種特別設計過的電極帽，聲稱可以用持續不斷的電流改變他們的心智。

許多教徒被說服，因而離開家人，並把積蓄全都交給彰晃。他甚至還把自己的洗澡水裝到瓶子裡賣給信眾，聲稱有助於靈性啟發。受彰晃吸引的通常都是抱有理想主義的年輕人，他們對物質至上、墨守成規的社會感到不滿，有些人甚至擁有博士學位。這些信徒會幫彰晃合成毒品和毒藥，還會到電腦組裝工廠監工。彰晃每年都從這間工廠和其他事業海撈數百萬美元，並打算用這些錢為第三次世界大戰做準備，據他所說，發起這場戰爭的將會是美國。

自 1993 年起，彰晃開始製造化學武器，包括炭疽病毒、VX 神經毒劑和沙林。在 1995 年的攻擊事件後，真理教改名為阿雷夫教（Aleph）重新出發，並繼續在日本運作。至於在俄羅斯，麻原真理教則一直都仍有活動，最後是在 2016 年，當局才突襲了他們的據點，並正式將教派歸類為恐怖組織。

1995 年日方防治人員清理東京地鐵的情況

用於敘利亞內戰的火箭彈，原本常見的爆破性彈頭換成了霰彈筒。

沙林

沙林（sarin）透明無色，是專為化學戰而產製的人造神經毒劑，
名稱來源是發現者名字的縮寫：施拉德（Schrader）、安布羅斯（Ambros）、
呂迪格（Rudiger）和范·德爾·林德（Van der Linde）。

簡介：

　　沙林最早是由納粹科學家發明，不過一直到戰爭尾聲都仍在初期階段，始終沒有真正用於戰場上。1950 年代，美國、蘇聯和北大西洋公約組織（NATO）都使用過這種化學武器，不過《禁止化學武器公約》（Chemical Weapons Convention）在 1997 年成立，各國也因而不得再大量囤積沙林。自此之後，全世界共有超過 1 萬 4 千噸的沙林被摧毀，但在那之前，伊拉克已經在 1988 年用沙林毒害庫德人（Kurd）。這種毒物可吞食也可從皮膚滲入，若以液態形式釋出，則會馬上揮發成氣體，一旦接觸到就會身陷重大危險，即使濃度很低，仍可能使成人在 10 分鐘內喪命。氣態沙林的致命度是氰化物的 26 倍，一般視為大規模殺傷性武器。在敘利亞內戰期間，沙林再度以武器之姿登場，根據相關報導，該國政府在 2013、2017 和 2018 年都曾使用。

毒效：

　　沙林會阻斷乙醯膽鹼酯酶，這種酵素會自然摧毀名為乙醯膽鹼的神經傳導物質，讓神經細胞間傳遞訊息並不斷重複。舉例來說，如果一開始的訊息是「釋放少量唾液來滋潤口腔」，重複後就會變成「不斷釋放唾液」。這個例子聽起來似乎很無害，但乙醯膽鹼大量累積後會使肌肉和分泌過度活躍，使人不由自主地流眼淚、鼻涕和口水，並出現便尿失禁的現象。

中毒症狀：

　　沙林中毒後會立刻瞳孔縮小、眼睛泛淚、視線模糊、開始流鼻涕和口水、胸痛、呼吸急促、咳嗽、嘔吐、腹瀉、尿失禁、意識迷亂、全身無力、頭痛且心跳頻率改變，然後抽搐、癱瘓、呼吸系統衰竭，最後死亡。

治療方式：

　　如果確認為沙林中毒，應盡快離開被汙染的空間。由於氣態沙林會沉澱，所以最好逃到比較高的地方。此外，也要脫掉衣服，用水沖眼睛，並以肥皂清潔皮膚。硫酸阿托品可以釋放乙醯膽鹼酯酶，讓酵素回歸正常運作，能解沙林的毒。

著名毒害事件：

· 1988 年 3 月，海珊的伊拉克部隊在哈拉布賈鎮（Halabja）發動攻擊，用沙林等多種神經毒劑毒害占據該鎮的庫德人。這場毒殺事件有「血腥星期五」（Bloody Friday）之稱，共造成 5 千多人喪命，更有不知道多少人因而失明或罹患長期疾病。

· 在敘利亞內戰期間，當局曾於 2013 年在首都大馬士革外圍的古塔（Ghouta）以化學武器攻擊反抗軍。當時用的火箭砲裡含有沙林，造成許多人死亡，人數落在 280 到 1729 人之間。

任意判人死刑的哈羅德‧希普曼

凱薩琳‧格倫迪（Kathleen Grundy）在 81 歲過世時，
她的女兒安琪拉‧伍德洛夫（Angela Woodruff）非常詫異，因為格倫迪原本身體健康，
卻在由哈羅德‧希普曼（Harold Shipman）醫生照顧時，突然死在家中。

幾週後，一封打得亂七八糟的遺囑突然出現，聲稱格倫迪的所有財產都要留給希普曼。安琪拉很有警覺地通報警方，當局也重新檢驗了格倫迪原已下葬的屍體，結果發現大量的二乙醯嗎啡（diamorphine，也就是海洛因），才知道她是被謀殺的。

警方在驗屍後控告希普曼謀殺格倫迪，但當時他們還並不知道抓到的是史上殺人最多的兇手之一。希普曼是一名備受敬重的醫生，獨自在曼徹斯特海德（Hyde）開業，特別受年長的病患歡迎。目前已知的 218 名受害者大多數都是長者，不過也有人認為他在 1974 到 1998 年間，可能殺害了超過 250 名病人。

全名哈羅德‧費德里克‧希普曼（Harold Frederick Shipman）的他，1946 年生於諾丁罕郡（Nottingham），是卡車司機之子。希普曼曾看到病危的母親在與癌症搏鬥時注射嗎啡，自此之後，就開始對藥物感到著迷。他攻讀醫學，並在 1974 年開始當家庭醫生，不久後便替自己濫開鹽酸配西汀（Demerol）處方，並過度服用這種止痛藥，進了戒斷中心。不過在 1977 年時，他又開始在曼徹斯特海德以家庭醫生的身分執業。

希普曼總能撥出時間來替長者看病，甚至還會親自登門探望。但 1998 年時，當地一家禮儀公司的主管發現，希普曼許多年長的女性病患都紛紛過世，而且發現時都穿著衣服，好端端地坐在扶手椅上。希普曼在死亡證明上開列的死因經常都是「年邁過世」，但其實是因為他注射了會抑制呼吸的嗎啡和海洛因，使病人斷氣。

警方在 1998 年開始調查，但並沒有找到罪證，一直到格倫迪在 6 月 24 日死後，才揭發他的罪行。警員在希普曼家搜到他用來偽造格倫迪遺囑的打字機，並發現他曾竄改她之前的病歷，謊稱她嗎啡上癮，此外，他家裡也藏了大量海洛因及價值 1 萬英鎊的珠寶，但這些並不是他太太的首飾。

希普曼殺人是為了錢嗎？除了格倫迪的死和他偷的珠寶以外，似乎沒有其他證據能證明這點。心理學家的觀點各不相同，有些人認為他是為了替死去的母親報仇，有些則指出他可能是想減輕國民保健署（National Health Service）的負擔，所以將長者安樂死。也有人覺得他只是很享受如天神般掌握他人生死的感覺而已，不過他真正的動機究竟為何，我們永遠不可能知道——希普曼因謀殺被判無期徒刑後，2004 年就在牢房裡上吊自殺了。

希普曼醫生是英國連續殺人最多的兇手

喬治・特里帕的威脅

並不是所有毒殺案都涉及政治動機、大規模屠殺或祕密間諜行動。
有時候，兇手殺人就只是因為鄰居爭執這種日常瑣事而已。

這就是美國佛州 1988 年神祕毒殺事件背後的成因。這件案子讓調查人員一籌莫展，直到發現心懷怨恨的鄰居喬治・特里帕（George Trepal）後，才終於有所突破。

特里帕的鄰居卡爾（Carr）家中有青少年，會很大聲地放音樂，而且飼養的狗曾追過特里帕的貓，在那之後，他就心懷宿怨。雙方幾次激烈爭執後，卡爾一家在門前看到一張留有打字訊息的紙條：「我給你們這糟糕的一家人 2 週時間搬出佛羅里達，不然你們必死無疑，不是隨便說說而已。」

卡爾一家並沒有認真看待這事，但幾週後，41 歲的佩姬・卡爾（Peggy Carr）卻開始覺得胃部有種奇怪的不適感，而且手腳發麻，腿也痛得不得了。

一開始，醫生認為佩姬的這些中毒症狀是心理因素所致，等到她掉起頭髮後才開始認真看待，不久後，她就喪失說話能力，被送進了醫院。接著，卡爾家的 2 名青少年也開始出現相同的中毒症狀，結果檢驗報告顯示 3 人的血液裡，都有高濃度的有毒物質「鉈」（thallium）。

調查人員懷疑有人在背後搞鬼，追查後發現毒物來自一組八罐裝的可口可樂，奇怪的是，還沒開過和已經打開在喝的罐子上都有鉈的痕跡。幾個月後，佩姬死於鉈中毒，使得這件案子正式成了謀殺案。由於特里帕曾表示說不定是有鄰居下毒，「希望讓他們搬走」，

而且他曾因為 1970 年代在非法實驗室製造安非他命，而坐過 3 年的牢，所以調查人員直接盯上了他。特里帕有動機，也有毒物方面的專業知識，兇手是誰似乎很明顯，但警方沒能找到證據，所以遲遲無法將他逮捕。

為了進一步調查特里帕，一名臥底刑警參加了他某個週末在假日酒店（Holiday Inn）舉辦的謀殺之謎活動，並跟他交上朋友。在遊戲的線索中，有一條聽起來很不對勁：「死亡威脅出現在門前時，謹慎的人就會開始把食物全部丟掉……基本上，門前的樓梯上如果放了東西，多半都是因為鄰居想跟你說：『我很討厭你們，趕快搬走，不然就等著瞧。』」

後來，臥底的警官在特里帕搬走後租下他家，並找到了關鍵證據：一個裝有鉈的瓶子和一台封蓋機器。雖然這是間接證據，但仍足以讓特里帕在 1991 年因為殺害佩姬的一級謀殺罪而被判死刑。在書寫本文時，他仍是死囚。

特里帕塗了鉈毒的可口可樂瓶

專辦他殺案的警長蘇珊・格瑞克（Susan Goreck）擔任臥底工作，
將特里帕繩之以法。

日本青少女毒犯

一名日本青少女竟然把英國連續殺人犯格雷哈姆楊（Graham Young）當偶像？
聽起來似乎有點不可思議，
但在 2005 年，這名來自靜岡縣的 16 歲青少女卻真的模仿起了楊的犯罪手法。

她在母親的食物和飲品中摻了楊最愛用的鉈毒，並在母親變得越來越虛弱時，在部落格上記錄了整個過程，就是因為這樣，警方才抓到她。

這名來自靜岡縣的青少女尚未成年，所以身分必須保密，我們無從得知，不過她是在讀了楊的傳記以後，對這名殺人魔產生迷戀情結。楊專用鉈毒，有時也用銻（antimony）和顛茄，在 1960 到 1970 年期間毒害他人，造成 3 人死亡，數 10 人中毒。

這名靜岡縣少女為了仿效她的英雄，假借學校做實驗需要，到當地藥房買了 50 毫克的鉈，還在部落格寫道：「藥房的人不知道他賣給我的是毒性這麼強的藥。」

一般人怎麼想，大概都想不到她竟然會把毒藥用在母親身上。這名青少女就讀日本的菁英高校，平時相當用功，對科學很有興趣，大家都覺得她以後會成為化學家。

除了對科學有興趣外，這名青少女也很喜歡解剖動物。「殺死活生生的動物……把刀戳進動物身體的那一刻，我總會發出輕嘆，那種感覺實在太療癒了。」她曾這麼寫道，後來，警方也在她房間找到被斷頸的貓頭。

這名青少女開始偷偷餵母親服毒不久後，便開始記錄鉈毒的功效。「我媽從昨天開始就很不舒服，全身都起了疹子。」她在

8 月 19 日這麼寫道。到了 9 月 12 日，她又在部落格更新：「我媽說她腳不舒服，已經抱怨 2、3 天了，她幾乎完全動不了。」

幾天後，她母親的病況急遽惡化，進了加護病房。「我媽似乎開始產生幻覺了。」青少女在部落格寫道。進了醫院後，她仍繼續對母親下毒，但為了避免旁人起疑，自己也服了一些。不過，這招並沒有騙到她哥哥——「我今天也幫她（母親）拍了一張照片，跟昨天一樣。我哥說我的眼神很尖銳，讓他很害怕。」

法院開庭審理了這件案子並順利結案：在靜岡縣，5 年內就只有這名少女買過鉈毒，而且她也曾在藥房留下姓名和地址。2006 年時，她被送往矯治機構接受治療，據說平常會「寫類似日記的隨筆和詩作」消磨時間。

鉈結晶的放大示意圖

有「茶杯毒犯」之稱的英國連續殺人魔楊

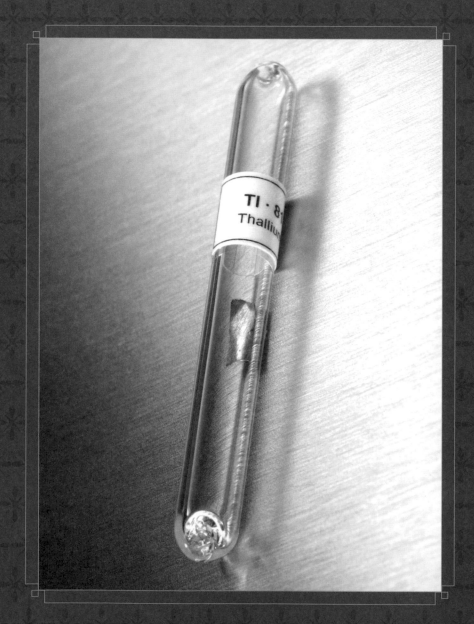

裝有鉈的試管，上頭貼著 TI 標記。

鉈

化學符號為 TI 的鉈是一種軟質的藍白色金屬，
地殼裡含有微量的這種元素。

簡介：

鉈（thallium）發現於 1861 年，燃燒時會呈現亮綠色，所以科學家參考「thallos」來命名，這個字在希臘文中是「綠芽」的意思。鉈是冶煉其他金屬時會產生的副產品，不過鉈本身的毒性強烈，除了直接攝入人體的風險外，也很容易吸入肺部或透過皮膚吸收，所以拿來燃燒或融化都十分危險。這種金屬會用於殺蟲劑、老鼠藥，以及半導體產業的某些電子裝置，主要是透過冶煉、燒炭及食物釋放到大氣中。植物很容易吸收鉈，而且一旦釋出到空氣、水和土壤中，就需要很長的時間才能分解，還會堆積在魚類和貝類體內。鉈毒無色、無臭又不容易察覺，所以曾是非常高效的毒藥，還有「毒犯首選」之稱。

毒效：

鉈會分解人體細胞，尤其是毛囊和中樞神經系統的細胞。鉈毒的效果最多需要 3 週才會顯現，通常會使人嚴重掉髮，呼吸功能被抑制，接著腎臟、肝臟和心臟也會衰竭，最後死亡。鉈毒也可能損害大腦，造成人格失調，有些受害者甚至還會出現精神病患般的行為。

中毒症狀：

鉈中毒後，一開始會掉髮，接著感到噁心、腹痛、嘔吐、腹瀉帶血、痙攣、抽搐，還可能罹患肺炎、死亡。

治療方式：

普魯士藍（Prussian blue）可以解鉈毒，通常會搭配洗胃，藉此將胃部與腸道中的毒物清除。

著名毒害事件：

· 根據相關記錄，澳洲在 1950 年代曾有多起企圖以鉈毒謀殺他人的事件。在這股「鉈毒熱」中，有多起都是郊區的澳洲女性為了殺害施以暴力的家人而下毒。

· 1971 年，反殖民主義的喀麥隆領袖費利克斯羅蘭穆米埃（Félix-Roland Moumié），在日內瓦被前法國特工用鉈毒暗殺。相關單位懷疑是喀麥隆政府在背後指使，但始終未被證實。

· 海珊曾對伊拉克的異議分子施以鉈毒，並全數驅逐出境，放他們在落腳處自生自滅，幾週後，這些人紛紛喪命。

· 2004 年，俄羅斯士兵在軍營附近的垃圾堆發現一罐神祕的白色粉末，殊不知竟然是鉈。他們把鉈當成爽身粉塗在腳底，還加進菸草中捲來抽，雖然有感到不適，最後卻都奇蹟似地存活下來。

第六章 21 世紀的毒藥

恐怖主義是現代世界的一大威脅，也經常與 21 世紀的毒藥掛勾。
在蓋達組織於 2001 年發動 911 攻擊後，
美國很快又再面臨了更致命、也可能更危險的安全威脅：這次的事件，是炭疽攻擊。

炭疽病毒一開始是透過信件寄送到美國的新聞機構，一般認為是信仰恐怖主義的聖戰分子再度發起攻擊。炭疽病是炭疽桿菌（Bacillus anthracis）的孢子被用做武器後引發的疾病：這種細菌一旦進入人體，就會在血管內成長、繁殖，導致身體失能，最後，體液會多到把人活活淹死。不過相關機構調查後，發現信中使用的炭疽菌並不是出自伊斯蘭基本教義派分子之手，而是美軍實驗室製造出來的。

處理恐怖毒物攻擊時，就是會面臨這樣的雙重難題：首先必須辨識出毒物，接著還得確認下毒的是誰。烏克蘭的總統候選人維克多尤申科（Victor Yushchenko）在 2004 年吃到摻了戴奧辛的飯，結果嚴重毀容。許多人認為背後主使是俄國政府高層，但克姆林宮卻宣稱尤申科只是吃到有問題的壽司而已。

此外，俄國也曾在兩起毒殺事件發生於英國境內後，站出來否認涉入。第一起事件發生在 2006 年，前俄羅斯間諜亞歷山大利特維年科（Alexander Litvinenko）被下鈽毒（polonium）；第二起則是雙面間諜謝爾蓋斯克里帕爾（Seigei Skripal）和女兒被諾維喬克（Novichok）這種神經毒素毒害。兩起案件中使用的毒物都是軍事等級，如果不是擁有政府資源的實驗室，不可能做得出來。此外，這兩種毒藥一開始也都是由蘇聯所產製。

目前還沒有人能證實這些毒害事件是由俄羅斯主導，但專家認為，除了克姆林宮最高層的官員以外，誰都無權批准使用這些最高機密等級的毒藥。在 2018 年的斯克里帕爾毒殺案前，根本沒有多少人聽過諾維喬克，但現在，這個名字已經家喻戶曉。NATO（北大西洋公約組織）各國的專家取得了諾維喬克的樣本，並在實驗室中複製，現在已經握有測出這種毒素的技術。

在 21 世紀，毒藥的角色就是謀殺武器：各界不斷製造、使用新的毒物，毒理學也不斷演變更新。古代祖先把毒藥塗在矛或箭的尖端，而現在，政府則把毒藥視為一種資源，在最高機密的實驗室中產製，並偷渡到國外來解決與本國作對的敵人。雖然目前尚未出現以軍事等級物質毒害整座城市的事件，但這種駭人的情況並不是不可能發生。而且如果成真，肯定會讓漫長的毒藥史進入比以往都更恐怖、暗黑的境界。

2001 年，負責處理毒性物質的人員穿著防護衣，在華盛頓特區處理炭疽攻擊事件。

華盛頓特區炭疽攻擊

在 911 事件發生後的僅僅 1 週時間，內含致命性炭疽菌孢子的信件，
就寄到了美國新聞機構和國會議員辦公室。

上頭的寄件處是一間名為「格蘭岱爾」（Greendale）的虛構學校，信裡有「美國將死」（death to America）的手寫字跡，還有伊斯蘭聖戰士的標誌。這起駭人的全新恐怖威脅事件登上新聞後，全國上下為之震驚，不敢相信美國又再度成了攻擊目標。

10 月 2 日，佛羅里達八卦報紙太陽報（The Sun）的編輯鮑伯・史蒂文斯（Bob Stevens）覺得喘不過氣，並開始嘔吐，幾天後，便成了美國 25 年內第一個死於炭疽病毒的受害者。不久後，許多人紛紛送醫，其中也有郵局員工。後來當局發現，某些炭疽信件的郵戳是用郵件分類機器蓋的，也就是說，病毒可能已經傳遍全美的郵政服務機構了。

與此同時，《紐約時報》和國會議員湯姆達希爾（Tom Daschle）的辦公室，也都收到了武器等級的炭疽病毒，有些是一坨一坨的棕色顆粒，有些則是看似爽身粉的白色粉末。白粉的毒性很強，信一打開就會氣化，很容易就會吸入人體內，然後對肺部及腦部造成損害，並很快地從內部侵襲整個身體。

10 月 21 日，郵政人員湯瑪斯・莫里斯（Thomas Morris）因為吸入炭疽菌而死亡，後來病毒爆發，又再奪走了 16 條人命，其中包括曼哈頓的一名醫院職員。還有一位康州女性——僅僅是因為她的信曾接觸到內含炭疽病毒的信件而已。在那之後，用來惡作劇的信便開始在美國各地流竄。關於可疑信件的電話也讓警方應接不暇。

因此，FBI 面臨莫大的壓力，非得把始作俑者給找出來不可。調查人員猜測，事件背後的恐怖分子應該是有科學背景的美國公民，因為寄給議員的信，就是採用美國小孩在學校所學的寫法，但奇怪的是，有些信卻要收件者在讀完後馬上服用盤尼西林。當局認為，犯人知道該如何使用武器等級的炭疽病菌，所以應該是美國科學家，並盯上了醫生史蒂芬哈特菲爾（Steven Hatfill）。哈特菲爾曾受聘於軍方菁英單位美國陸軍傳染病醫學研究院（USAMRIID），這個機構恰好存有許多炭疽桿菌。

哈特菲爾因此而被公開中傷，但幾年後終究洗清了他的嫌疑。直到 2008 年，才有另一名嫌犯出現：生化防禦研究員布魯斯・艾文斯（Bruce Ivins）。艾文斯有處理炭疽菌的經驗，也相當符合各項線索，但他卻在審判前就先自殺，所以聯邦檢察官也只能就此結案。不過，批評人士認為艾文斯並沒有相關設備與知識，應該無法將粉狀的炭疽病毒包覆到矽膜中，讓病菌在信一打開後就氣化，因此，許多人相信真兇到現在都仍逍遙法外。

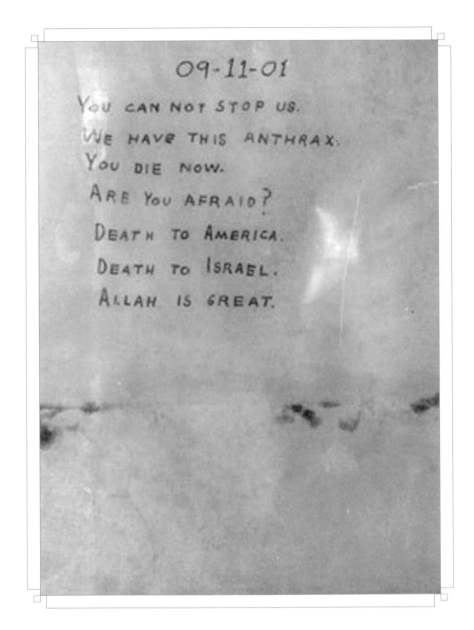

在 2001 年寄給美國議員達希爾和派屈克‧萊希（Patrick Leahy）的信，
內含粉狀的炭疽菌。

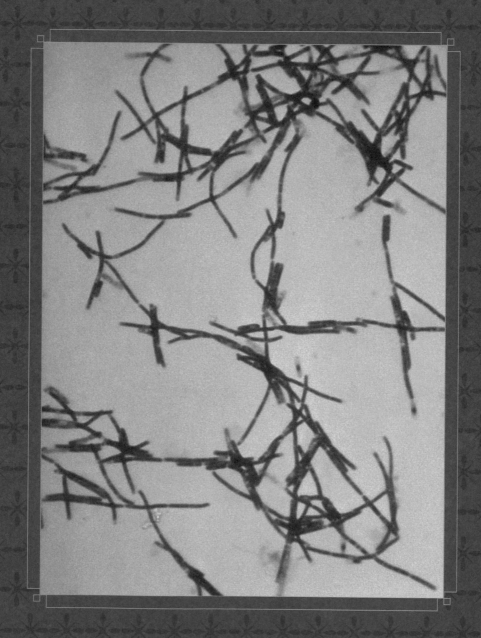

顯微鏡下的致命炭疽孢子

炭疽菌

炭疽病是炭疽桿菌造成的疾病。這種細菌會產生致命性的孢子，而且毒效會維持好幾年。
這種孢子可製成粉狀或液態的毒藥，用來當做武器。

簡介：

炭疽孢子會在土壤中自然生成，一般而言，會在牛羊等放牧吃草的動物身上引發腸道感染。早期人類會染上這種病菌，通常是因為處理動物的毛或屍體，或者吃了牠們的肉。炭疽病是很古老的疾病，聖經和古希臘羅馬作家都曾提到，不過科學家到 1863 年才找出炭疽桿菌，並在 1876 年首次將這種微生物分離出來；1881 年時，微生物學家路易・巴斯德（Louis Pasteur）做出了炭疽疫苗。許多國家都曾把炭疽菌當做武器，在冷戰期間，美國和蘇聯都有大規模的炭疽武器計畫。這種毒物很容易產製，而且孢子夠小，能以氣態擴散到廣大區域，如果用於大型攻擊，殺傷力並不亞於核爆。炭疽病毒也可以透過導彈、炸彈、灑藥飛機或類似的飛行器來散播，許多恐怖分子都曾嘗試，不過至今還沒有大規模的炭疽攻擊成功過。

毒效：

最常見的炭疽感染有三種，分別是皮膚型、腸胃型和吸入型炭疽病。前兩種較普遍且可以治療，第三種則極度危險，因為患者吸入的炭疽孢子可能很多。炭疽病毒進入血液後會開始繁殖，衍生出數兆個具寄生性的微生物，從體內吞噬整個身體。人在瀕死時，這些孢子看起來就像蠕動的巨大蟲類，不斷繁衍並占據病患的血管。一開始，患者只會有流感般的中毒症狀，但最後肺部和腦部都會受損，免疫系統的細胞會爆裂，還會出現敗血性休克，使人活活溺死在自己的體液之中，非常痛苦。

中毒症狀：

吸入型炭疽病起初會造成流感般的中毒症狀，如喉嚨痛、肌肉痠痛和疲憊等等，接下來則會演變成呼吸急促、嘔吐、皮膚膿瘡、神智不清、發燒、休克及死亡。

治療方式：

炭疽吸附疫苗（AVA）由美國軍方產製、保護，一般民眾無法取得。環丙沙星（Cipro）抗生素對吸入型炭疽病也有療效。

著名毒害事件：

· 聖經《出埃及記》曾提到炭疽病，許多學者認為「埃及十災」（10 plagues of Egypt）中的第五災就是炭疽病毒爆發。

· 2006 年，紐約有一名鼓手在處理要製成鼓面的動物毛皮後染上炭疽病，不過最後有活了下來。

· 2009 及 2010 年，炭疽病毒在英國及德國爆發，患病者都是有注射靜脈藥物的人。雖然他們應該是罹患皮膚型炭疽病，但並未長出中心點為黑色的典型突起狀膿瘡。現在，醫生認為他們之所以會患病，是因為當初注射的海洛因裡含有炭疽孢子。

冰人理察・庫克林斯基

理察・庫克林斯基（Richard Kuklinski）的致命大錯，
在於他在將某個受害者棄屍前，沒有讓屍體完全解凍。

庫克林斯基是黑手黨殺手，可能殺過200多人。他喜歡把屍體放在冷凍庫裡，這樣殺完人後就不用馬上處理，因此有「冰人」（Iceman）之稱。不過，他有一次沒讓屍體完全解凍，就這樣因為幾片碎冰而被逮到。

在1948年時，13歲的庫克林斯基第一次殺人，受害者是敵對的紐澤西幫領袖。庫克林斯基用晾衣服的木棍狠狠把他打死，然後又斷了他的手指並拔光牙齒，以免死者的身分曝光。

庫克林斯基由酗酒而且會虐待他的父親帶大，他從來都不覺得暴力是什麼大不了的事。他小時候就常會施虐，把貓的尾巴綁在一起，然後掛到曬衣繩上，看著貓把彼此撕裂成碎片。成人後，他長成198公分的彪形大漢，是廣受紐約黑手黨器重的殺手。影集《黑道家族》（The Sopranos）的靈感來源迪卡瓦坎特家族（Decavalcante）也曾雇用過他。

庫克林斯基偏好毒殺，因為這樣就不必處理血肉模糊的外傷──根據他本人的說詞，這包括使用槍枝、爆裂物、扳手、手榴彈、裝在遙控玩具車上的炸彈以及把人勒死，不過有時候他會「為了運動一下」，而赤手空拳地把人打死。此外，他也會把受害者綁起來丟給洞鼠吃，還說這樣屍體在2天內就會被吃個精光。

氰化物是庫克林斯基最愛用的毒藥，因為下藥容易，而且在毒理檢驗中不容易查驗。他有時會在目標的漢堡內摻入氰化物，或藏在鼻噴劑中，然後直接對著受害者噴。「噴到臉上以後，他們就會一睡不醒了。」他後來這麼解釋。

使用氰化物的技巧，庫克林斯基是從同行的殺手索夫提先生（Mister Softee）身上學到的。索夫提先生會開著冰淇淋車在殺人現場附近把風，還教庫克林斯基把屍體存放在工業用冷凍庫，凍上幾個月後，就看不出死亡時間了。不過在1986年時，殺人資歷已有38年的庫克林斯基變得有些粗心大意。他殺害一名認識的同夥後，並沒有讓屍體完全解凍，結果當局在死者的喉嚨處找到冰晶，並循線追溯到使用冷凍庫的庫克林斯基。他因六起謀殺案被起訴，坐牢18年後死於獄中。在服刑期間，只要有採訪邀請他一律答應，使得「冰人」的故事充滿更多令人震驚的細節。

「冰人」庫克林斯基在1986年被羈押

DAILY ◉ NEWS

35¢ NEW YORK'S PICTURE NEWSPAPER® Thursday, December 18, 1986

Nancy: They deceived Ron

Page 3

BURGER MURDER

N.J. man held in killings of 5 with gun & cyanide

Story on page 2

HASENFUS IS FREE

Nicaraguan President Daniel Ortega as he handed over gunrunner Eugene Hasenfus (left) to Sen. Christopher Dodd (right) in Managua yesterday. At far right is prisoner's wife, Sally. Hasenfus will arrive home today and may be summoned before congressional committees investigating the

《紐約每日新聞》（*New York Daily News*）報導庫克林斯基被逮捕的消息

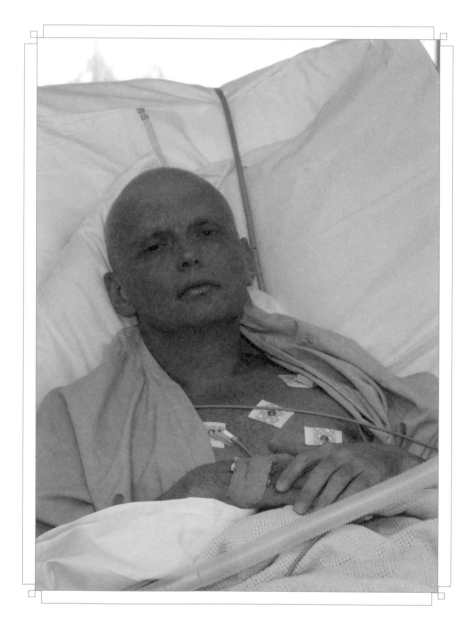

利特維年科臨死前在醫院拍攝的照片

亞歷山大‧利特維年科謀殺案

利特維年科到倫敦千禧酒店（Millennium Hotel）和 2 名同事喝茶時，
萬萬沒想到那次與會竟是去被謀殺。

因為他的茶裡，摻了釙-210（polonium-210）這種罕見的放射性毒素。在利特維年科慢慢走向死亡的那段日子裡，各種關於謀殺與貪汙的消息紛紛出籠，猶如真實世界的間諜故事，而且涉及了俄國政府高層。

利特維年科曾是間諜，在 2000 年逃離俄羅斯後就成了標靶，往日的同事甚至必須在射擊練習場對著他的照片開槍。在俄國，他就是背叛至上權威的叛徒。利特維年科逃到英國後成了作家，也擔任英方 MI6 機構的探員，並毫不留情地批評俄國總統普丁（Putin）。

對 MI6 而言，利特維年科是很重要的資產：他在俄國情報單位的某些前同事願意洩密以換取現金，此外，他也握有內部情報，知道克姆林宮是如何涉入組織性犯罪。在距今最近一次的事件中，利特維年科將俄國黑手黨在西班牙行動的相關情報，告訴了英方和西國政府。據說該項行動與普丁本人有關，而他也在 2006 年底表示願意在西國檢察官面前作證。沒想到，卻有人先下手封他的口。

2006 年 10 月 28 日，俄國殺手安德烈‧魯戈佛伊（Andrei Lugovoi）和迪米崔‧柯夫通（Dmitry Kovtun）來到倫敦，柯夫通還曾告訴友人他身上帶著「很貴的毒藥」。魯戈佛伊和利特維年科曾同為寡頭企業家鮑里斯‧別列佐夫斯基（Boris Berezovsky）效命，所以這次便假借要討論在俄羅斯投入外資的機會，約曾是同事的利特維年科在千禧酒店（Millennium Hotel）見面。2006 年 11 月 1 日下午 3 點 32 分，魯戈佛伊來到千禧酒店，柯夫通則在 15 分鐘後抵達。兩人都用過大廳的男廁，後來廁所和吹風機裡也都驗出大量的放射性毒素。接著，他們點了一壺綠茶和其他飲料，並在飯店的松木酒吧（Pine Bar）坐下。

利特維年科在 3 點 59 分抵達，魯戈佛伊上前招呼並帶他到位子上，三人聊了大約 20 分鐘。利特維年科缺錢，所以並不想點東西，但魯戈佛伊說桌上本來就有茶，他可以喝一點。於是，他要了乾淨的杯子，服務生送來後，替他倒入一些已經冷掉的苦澀綠茶，他只喝了 3、4 口便放回桌上。利特維年科後來告訴警方，他當時就有感覺兩人可能想殺他，結果他猜的沒錯。

利特維年科到千禧酒店赴約後的那幾天，身體狀況急遽惡化，因而住進巴尼特醫院（Barnet Hospital），後來又轉送到倫

上圖：釙-210 的化學結構

157

敦大學醫學院（University College Hospital）進一步診治。就中毒症狀來看，利特維年科是鉈中毒，但又找不到證據，因此醫生一籌莫展。另一方面，利特維年科也一五一十地道出他與會並中毒的過程，並承認他從前是間諜，後來更很掙扎地說出他與MI6合作的事。8年後，警方釋出了他做筆錄時的逐字稿，內容顯示利特維年科認為普丁就是幕後主使，此外，他也曾因為劇烈腹瀉而必須暫停訪談。到了11月20日，利特維年科已虛弱到心跳再也無法恢復正常，骨髓也遭受嚴重攻擊，主要器官紛紛衰竭。院方派去診斷的癌症醫生認為，利特維年科的中毒症狀很類似癌症末期病患：整個人槁木死灰，頭髮和眉毛都掉光，皮膚上也滿是瘡疤。一直到那時，都還沒人看出他是被毒害。

同時，相關人員也將利特維年科的血和尿液送到英國的原子武器機構（Atomic Weapons Establishment）進行光譜檢驗。一開始並沒有偵測到伽瑪射線（gamma），但後來，有位曾參與英國原子彈計畫的科學家偶然在光譜讀數中，發現非常難以察覺的伽瑪暴現象，並判定造成那短暫暴衝的是釙-210，也就是早期用來製作核武的元素。

不過對利特維年科來說，有沒有診斷出正確病因，其實也沒差了。11月22日，他變得時昏時醒，並已先和妻子瑪麗娜（Marina）道別。到了午夜，他兩次心臟病發，陷入昏迷，並在11月23日傍晚第三度心臟病發後辭世。

雖然英方情報單位指出普丁和俄方政府涉入利特維年科的謀殺，但克姆林宮至今仍一概否認。不過調查結果顯示，用於毒殺的釙-210是來自俄國薩羅夫鎮（Sarov）的核反應爐，而有權下令從反應爐中取用釙的，就只有最高層的俄方官員。巧合的是，史上第一個被人用釙暗殺的受害者，就是俄國視為眼中釘的利特維年科。

追溯釙毒

據說用釙來毒殺利特維年科，是「天才之選」。因為這種毒物可裝在小水瓶內，進入人體後非常難查驗，而且下毒一段時間後，毒性才會浮現。只是，奉命殺人的2名兇手行事不慎，幾乎到了無能的地步。魯戈佛伊試了四次，才成功用釙對利特維年科下毒，而且每次都得飛到倫敦跟他會面。此外，他雖然向朋友吹牛說自己身懷昂貴的祕密武器，卻似乎不知道接觸到釙的任何東西都會染上這種物質，所以把釙摻入茶壺時，自己也不小心沾到了一點，因而在倫敦各處留下放射足跡。他碰過的所有東西，全都立刻沾染了釙，包括信用卡、飛機座椅、餐廳桌子、飯店的電燈開關等等，甚至連跟他握過手的人都遭殃。警方瞭解情況後，很快就依循放射物質重建出魯戈佛伊和柯夫通的確切足跡，不僅得知他們在11月1日的行蹤，也掌握了兩人先前幾次到倫敦時去過哪裡。水煙管上的釙毒證據顯示，他們在10月17日到過蘇活區（Soho）的一間酒吧，後來又去了某間夜店，在桌椅和門上也留下釙。至於在兩人下榻的西部大飯店（Great Western Hotel），相連浴室內的水槽裡也有大量釙元素被沖入。或許是因為發現毒物會到處殘留，所以魯戈佛伊和柯夫通隔天就突然換到了另一家酒店。

利特維年科手裡拿著《炸毀俄國：由裡到外的恐懼》（*Blowing up Russia: Terror from Within*）。這本書指控普丁策畫 1999 年的莫斯科公寓爆炸案（Russian Apartment Bombings），藉此奪權並合理化第二次車臣戰爭（Second Chechen War）。

曾獲諾貝爾獎的波蘭科學家居禮夫人。她發現了鐳和釙，但也因而喪命。

釙 – 210

釙 -210 是放射性元素釙的同位素。

釙是銀灰色的金屬元素，提煉自鈾礦，化學符號是 Po。

簡介：

　　釙 -210 是帶有高度放射性的罕見元素，會釋放出微量的正電荷。土壤和大氣中都含有少量的釙 -210，但無法傳得太遠，也沒辦法穿透皮膚，所以如果不是直接攝入的話，對人類並沒有威脅。但一旦服入體內，即使非常少量也會使人喪命，因為光是體積如同英文句點那麼大的釙，就已經是足以致命劑量的 3000 倍了。釙（polonium）最初是由居禮夫人（Marie Curie）在 1898 年發現，她以母國波蘭（Poland）替這個元素命名。後來，美國在曼哈頓計畫（Manhattan Project）中使用釙來製造核彈，參與計畫的科學家也曾在患有不治之症的志願者身上試驗此元素──驗屍結果顯示，這些人的體內器官都有釙中毒的現象。就刻意以釙毒害他人的事件而言，目前已知的第一起案例發生在 2006 年，受害者是利特維年科（詳見 P156-159）。現在要提取釙 -210 非常困難、耗時，而且全球核反應爐每年製造出的釙也大約只有 100 毫克。

毒效：

　　人體內經常會有微乎其微的釙，但量一旦變多，就幾乎可以說是世上毒性最強的物質。如果攝入或吸入，即使只有百萬分之一公克，也通常會使人喪命。帶有放射性的釙粒子進入血液後，會從細胞層級攻擊人體，並對體內器官一一出擊，直到每一個都失能

為止。接著，釙會進入骨髓，癱瘓淋巴系統，在如此劇烈的猛攻之下，人最後自然會喪命。釙無色無味，進入人體後很難檢驗得出來，但毒性又非常強，所以有世上最完美的毒藥之稱。

中毒症狀：

　　釙的毒性是氰化氫的數百萬倍，造成的中毒症狀和其他放射性毒物類似，包括噁心、嘔吐、腹瀉、掉髮和劇烈頭痛，然後肝腎功能衰竭，並使人在幾天或幾週之後喪命。

治療方式：

　　如果才剛攝入劑量足以致命的釙，趕快洗胃即可把釙沖乾淨，但這種元素一旦進入血液後，就阻擋不住了。α 粒子會被身體細胞吸收，然後摧毀所有生物作用。

著名毒害事件：

· 居禮夫人發現釙後贏得諾貝爾獎，但也因為進行這項研究，長時間處在高能量的放射線中，最後在 1934 年死於白血病。
· 2004 年，巴勒斯坦領袖亞西爾・阿拉法特（Yasser Arafat）突然死於神祕疾病，有些人認為是中了釙毒。瑞士的調查結果顯示他的個人物品上確實是有釙的痕跡，但並沒有決定性證據能證明他是因此而死。

尤申科毀容事件

2004 年，烏克蘭總統候選人尤申科在餐廳吃完飯後，回家親吻了妻子。
她說他嘴唇上有股金屬味，沒想到 2 天後，尤申科的身體就開始發腫。

尤申科在搭機前往急診途中，頭也開始腫大，而且感到劇烈疼痛，接著臉上就開始冒出大量的黑頭粉刺、腫囊和膿瘡，並出現大面積損傷。他的中毒症狀是氯痤瘡（chloracne）——這很明顯是戴奧辛中毒的副作用。

尤申科遭受戴奧辛攻擊的新聞震驚了各國政府，下手的人很明顯是想殺害這位正在民主選舉中競逐總統一職的歐洲政治家。因此，所有人的目光都集中在他主要的對手身上，也就是烏克蘭總理維克多‧亞努科維奇（Viktor Yanukovych）——他親俄反歐，且有當時的總統列昂尼德‧庫契馬（Leonid Kuchma）背書。

在烏克蘭經濟慘淡的情況下，庫契馬卻與俄國越走越近，所以在當總統時經常被控貪汙濫權。尤申科曾在庫契馬的內閣擔任總理，但在 2001 年被除職，因此，他成立了「我們的烏克蘭」（Our Ukraine）這個政黨，在政治立場上開始採取新自由派風格，開始親歐，且鼓勵選民多交流對話。

尤申科和亞努科維奇的選戰打得很苦、很激烈，但誰都沒有想到他竟然會被毒害。相關毒理學報告顯示，尤申科血液裡的戴奧辛含量是一般成人的 5 萬倍之多，而且毒性非常純，必定是在實驗室產製。專家也表示，戴奧辛無色無味，而且中毒症狀要到幾天後才會出現，所以特別適合用來下毒。事實上，甚至連設有偵測戴奧辛所需儀器的實驗室都很少。

在尤申科看來，犯案的人是誰很明顯：毒害事件當天晚上跟他吃飯的那 3 個人，就是俄國政府派來的。他認為俄方在飯裡摻入戴奧辛，企圖要暗殺他。不過，俄羅斯則聲稱尤申科會不舒服，只是因為晚餐吃太多壽司、喝了太多酒而已。

尤申科臉上雖布滿膿瘡與疤痕，仍繼續競選總統。在第二輪投票中，亞努科維奇驚險勝出，但這也觸發了「橘色革命」（Orange Revolution）。在民眾大規模抗議的情況下，最高法院要求再次投票，這次，尤申科成功獲勝，於 2005 年當上總統。

尤申科的戴奧辛毒殺事件一直到 2019 年都仍在調查，而且沒有明確的結案時限，針對事件當晚那些與餐者提出的引渡要求，也全數遭拒。記者曾問過尤申科是否認為他被下毒跟俄國高層有關，對此，他這麼回答：「我之所以會被下毒，是因為有個鄰居很不樂見我跟歐盟越走越近。」

尤申科 2004 年因戴奧辛中毒毀容。
此中毒症狀叫「氯痤瘡」，
會造成臉部、腋下和鼠蹊部都出現大量囊腫、痤瘡、黑頭粉刺和膿包。

美國軍機對越南叢林噴灑橙劑。這種製劑含有戴奧辛，曾用於「牧場助手行動」
（Operation Ranch Hand）這項以除草劑做為武器的戰時計畫。

戴奧辛

戴奧辛泛指多種同類別的化合物，通常是製造除草劑和消毒劑時的副產品；
用於合成毒藥的就是其中一種，學名是 2,3,7,8- 四氯雙苯環戴奧辛
（2,3,7,8-tetrachlorodibenzo-para-dioxin，簡稱 2,3,7,8-TCDD），但通常都簡稱戴奧辛。

簡介：

　　戴奧辛是危險的致癌物質，在 19 世紀末，德國曾有化學工廠員工因為暴露於這種物質當中，而面臨皮膚病變。後來，美軍在越戰中使用了「橙劑」（Agent Orange）這種除草兼落葉劑，戴奧辛就是成分之一。軍方使用了超過 2 千萬加侖的橙劑，為的是要清除敵方當做掩護的叢林，但卻也使得地面上的人暴露在毒素中並嚴重患病。據估計，總共有 300 多萬人因橙劑毒害事件罹患致命疾病，包括軟組織肉瘤（soft-tissue sarcoma）、非霍奇金氏淋巴瘤（non-Hodgkin's lymphoma）和霍奇金氏淋巴瘤（Hodgkin's lymphoma），而且在戰爭結束的 43 年後，越南都還是有嬰兒因此先天有缺陷。1976 年，義大利塞維索（Seveso）發生工廠戴奧辛外洩的意外，汙染了當地居民的身體，在那之後的數年內，造成許多人不孕，罹患某幾種癌症的機率也因而增加。歷史上多數的戴奧辛中毒事件，都是起因於皮膚接觸到毒素，而且多半是意外。不過，烏克蘭反對派領袖尤申科在 2004 年遇害（詳見 P162-163），也清楚顯示這種物質可以被用來刻意下毒。

毒效：

　　戴奧辛的毒效是出了名的難檢測。視生物的代謝作用而定，不同劑量的效果差異可能非常大，因此，如果要使倉鼠致命，所需劑量可能是天竺鼠的 5 千倍。戴奧辛內含的某些化學物質會與細胞核內的 DNA 結合，導致細胞無法產製蛋白質，在這樣的情況下，免疫系統可能會受損，造成某些種類的癌症。戴奧辛作用於人體時，一律會引發的中毒症狀就是使人毀容的氯痤瘡，受害者的臉部會變得枯黃，滿是瘡疤與膿包。

中毒症狀：

　　直接暴露於戴奧辛這種毒素中，會有皮膚和黏膜組織紅腫發癢等狀況，至於體內的中毒症狀則可能要到數週後才會出現，包括氯痤瘡、大量落髮、感官受損、肌肉疲軟無力等。如果劑量很高，則會使人逐日消瘦，最後死亡。

治療方式：

　　戴奧辛中毒並沒有特定的解藥，但可以洗胃或用活性碳疏通腸道，藉此緩解中毒症狀。

著名毒害事件：

· 1997 年，維也納曾有 5 名紡織工廠員工戴奧辛中毒，其中一名女子體內的戴奧辛含量是人類史上最高：每克血脂有 14 萬 4 千皮克的 TCDD，換算後等於身體必須承受 1.6 毫克。這名女子奇蹟似地存活下來，但這些受害者在之後數年都飽受氯痤瘡之苦。

索爾茲伯里的斯克里帕爾父女毒殺案

旁人發現謝爾蓋和尤利婭·斯克里帕爾（Yulia Skripal）癱倒在公園的長椅上時，
原以為他們是嗑藥過量。
沒有人會想到，威爾特郡（Wiltshire）寧靜的索爾茲伯里鎮（Salisbury），
竟然會成為驚悚地緣政治謀殺案的案發現場。

其實，斯克里帕爾父女是被俄國特工暗殺；用於毒害兩人的物質，就是後來聞名全球的神經毒劑諾維喬克。

2018 年 3 月 4 日，索爾茲伯里鎮的目擊者表示，「尤利婭口吐白沫，雙眼是睜開的，但完全看不到黑眼球。」相關人員將兩人用飛機送往索爾茲伯里醫院（Salisbury District Hospital）後發現，這對父女是被人用極為罕見的神經毒劑諾維喬克毒害。更讓人震驚的是，謝爾蓋恰好曾是俄國情報特工，後來更在英國的情治單位當雙面間諜。

2010 年謝爾蓋在英方與俄國進行間諜交換後，永久移居到英國。他原本在俄方的罪犯流放地服刑 13 年，罪名是嚴重叛國。之所以會被抓，是因為他把國家機密賣給英國祕密情報局（Secret Intelligence Service，又稱 MI6），據說導致 300 多名臥底的俄國間諜身分洩露。父女倆被毒害後，《紐約時報》的報導指出謝爾蓋雖已退休，但「仍有參與相關活動」。

據當地人形容，66 歲的謝爾蓋是個有禮貌的紳士，在威爾特郡過著看起來十分平凡的退休生活。案發前一天，他女兒剛從莫斯科抵達，兩人去喝了杯酒，星期天則到索爾茲伯里鎮的鬧區吃午餐，並在下午 3 點 35 分離開餐廳。4 點 15 分時，他們已經毫無意識地癱在公園的椅凳上。用來毒害斯克里帕爾父女的諾維喬克劑量非常高，高到第一個抵達現場的警察都因而進了醫院。

在這位員警及斯克里帕爾父女與死神搏鬥時，警方在兩人住家周圍和索爾茲伯里鎮中心都拉起了封鎖線。隨著警員搭起帳篷，救護車和身穿鑑識防護衣的調查人員湧入，威爾特郡也似乎成了災難科幻電影中的場景。毒物性質和可能動機揭曉後，英國政府控訴俄羅斯企圖殺人，另外還有 28 個與英方同盟的國家聲明支持這項指控，並驅逐了俄羅斯的 153 名外交官。

俄方下手的證據非常清楚，無可辯駁：檢驗結果顯示毒害案中使用的諾維喬克屬於 A-234 類型，和俄國產製的 A-232 關係密切，只有最高層的官員才能授權使用這種毒劑，在其他國家境內執行暗殺。不過話說回來，下手的會是誰呢？

許多人大概會認為，這種由俄國特工執行的暗殺行動，手法應該非常高明，會涉及超級英雄片裡那種未來感十足的科技，沒想

左頁上圖：監視攝影機有拍到斯克里帕爾父女在被攻擊前幾分鐘的模樣。
左頁下圖：警察在索爾茲伯里看守 2018 年斯克里帕爾父女毒殺案的現場。

到，下手的那兩個人其實就只是提前幾天從莫斯科搭客機到英國，假裝是要參觀索爾茲伯里大教堂（Salisbury Cathedral）的觀光客而已，然後他們身上帶了一小罐含有諾維喬克的香水。

監視攝影機有拍到兩人抵達倫敦的蓋威克機場（Gatwick Airport），接著搭火車前往索爾茲伯里。雖然他們聲稱有去參觀大教堂，但卻被拍到往斯克里帕爾家的方向走。父女倆住的那條街沒有監視器，不過鑑識證據顯示，他們家大門外的門把上噴了諾維喬克。有人發現斯克里帕爾父女癱倒在威爾特郡的公園長椅上時，兩名刺客人已經在倫敦，準備搭機回莫斯科了。

英國海關表示，他們在通行時，是使用亞歷山大・彼得羅夫（Alexander Petrov）和魯斯蘭・博什羅夫（Ruslan Boshirov）這兩個名字。當局認為他們可能會在歐洲出現，所以發出了逮捕許可，沒想到事情又有轉折：兩人竟然透過俄方的國家電視台聲明自己的清白，還說只是因為索爾茲伯里大教堂的尖塔高度在歐洲數一數二，所以很感興趣。

不過，這場電視訪談反而讓他們身分曝光。調查網站 Bellingcat 發現其中一人是阿納托利・切皮戈夫（Anatoliy Chepiga）上校，他曾參與車臣戰爭，並獲得「俄羅斯聯邦英雄」（Hero of the Russian Federation）獎章，是該國的最高榮耀。另一名嫌犯則是亞歷山大・米什金（Alexander Mishkin）上校，是俄國軍方情治單位 GRU 的醫生。

在這一切發生時，斯克里帕爾父女已恢復意識，情況也變得穩定並出院了，自此之後，外界就一直不清楚兩人的下落。不過後來尤利婭曾透過電視發表聲明，拒絕了俄國表面上的善意協助，並表示只求大家還她和父親一個清淨，讓他們好好休養。另一方面，俄方則指控英國政府剝奪斯克里帕爾父女的自由，要求將他們送回俄羅斯。

切皮戈夫上校和米什金上校化名彼得羅夫和博什羅夫，上俄羅斯國家電視的節目自清。

這起戲劇化的毒害事件高潮迭起，最後也令人跌破眼鏡。在索爾茲伯里北邊約 11 公里處的埃姆斯伯里（Amesbury），情侶查理·羅利（Charlie Rowley）和唐恩·史特吉斯（Dawn Sturgess）撿到一瓶被丟掉的香水並拿來噴，結果 15 分鐘後，就開始感到不適。史特吉斯在手腕上噴了一些，據羅利後來所說，那味道「不太像香水」，反而比較像油性物質。事發後，一名友人來到兩人家中，發現情況不對，史特吉斯口吐白沫，羅利則搖搖晃晃地在牆邊「流汗、一直流口水，並發出奇怪的聲音」。最後，史特吉斯死於醫院，驗屍結果顯示她體內有諾維喬克。雖然一開始的目標是斯克里帕爾父女，但史特吉斯卻成了這場暗殺事件中唯一喪命的人。

俄方一再否認

俄國特工在英國境內執行暗殺行動，導致雙方的外交關係惡化到冷戰以來的最低點。俄羅斯一再否認涉入，還指控英方一手策畫這場攻擊，藉此損害俄方利益。俄國總統普丁在接受訪問時，表示被控的嫌犯都是沒有犯罪紀錄的俄國好公民，而該國的國家電視台第一頻道（Channel One Russia）也幫腔，說兩人其實是運動營養學家，去索爾茲伯里是為了要找營養品。一名新聞播報員甚至像在唱獨角戲似地警告大家不要「背叛母國」，否則會身陷重大危機。還說逃到英國顯然就是特別危險，「或許是因為天氣的關係吧，英國近年來似乎發生了很多奇怪的事件，最後的結果都很可怕。」她這麼說著。在英國境內突然喪命，而且死因不明的俄國公民包括揭發克姆林宮祕密的亞歷山大·佩雷皮利什尼（Alexander Perepilichny）、別列佐夫斯基和前間諜利特維年科（詳見 P156-159）。

這些受害者和斯克里帕爾父女等倖存者有一個共通點：他們都是普丁統治時代的異議分子。

用來裝諾維喬克香水的盒子

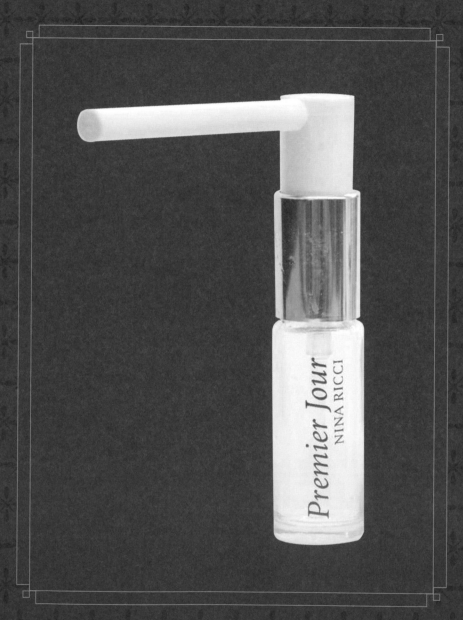

Premier Jour
NINA RICCI

用於索爾茲伯里毒殺案中的香水瓶

諾維喬克

諾維喬克在俄文中的意思是「新來的」，
是從沙林和梭曼（soman）等舊式神經毒劑的磷－氧－氟核心結構中，
進一步發展而成的一系列神經毒劑，性質和 VX 毒劑類似。

簡介：

蘇聯最初是在 1970 年代的祕密軍事計畫「Foliant」中開發出諾維喬克。一直到 1990 年代，俄羅斯科學家維爾・米爾札亞諾夫（Vil Mirzayanov）才在叛逃到美國後，揭發了這種毒劑的存在。米爾札亞諾夫表示，烏茲別克的祕密化學武器機構勞庫斯（Nukus）製造了多批諾維喬克；因為是祕密進行，所以軍方領袖認為是很有價值的武器，不像先前的 VX 等神經毒劑容易被國際查核組織給追查到。後來，相關機構也確認這種毒劑的效力測試是在狗兒身上進行。

諾維喬克無毒無色，能以液體、粉末、氣體和霧化器（如 166-169 頁的索爾茲伯里毒殺事件）等管道下藥。後來在索爾茲伯里發現的 100 毫升香水瓶內裡，裝了劑量足以使數千人喪命的諾維喬克。如果劑量很大的話，諾維喬克也能透過大砲、炸彈和飛彈投射。

2018 年，德國祕密情報單位取得了蘇聯製諾維喬克的樣本，並分發給歐洲各國和英美等盟友，自此之後，西方國家也開始為了測試而製造這種毒劑。如果對城市發動諾維喬克攻擊，會造成災難性的後果，不過現在，已開發國家已經知道這種毒劑存在，可以透過防禦網絡來應對。

毒效：

諾維喬克會攻擊讓訊息在神經之間傳遞的乙醯膽鹼，讓乙醯膽鹼被乙醯膽鹼酯酶的酵素分解，使得肌肉開始不受控制地收縮或抽搐，導致呼吸功能衰竭及心臟停止，並造成肺積水，最後使受害者淹死在自己的體液中。不過在那之前，他們可能已經先死於心臟病發了。

中毒症狀：

一開始會瞳孔嚴重縮小、呼吸中斷、心跳過快和大量出汗，接著噁心、嘔吐、腹瀉、抽搐、失去意識，最後死亡。

治療方式：

諾維喬克並沒有特定的解藥，不過阿托品可以阻擋乙醯膽鹼酯酶，進而擋下毒劑的攻擊。但如果是在被下毒過後太久才使用即無效。阿托品可以進一步緩解呼吸系統肌肉癱瘓的現象，讓中毒者恢復呼吸，並排除肺部的液體，最後或許能存活下來。

著名毒害事件：

· 1995 年，俄羅斯銀行家伊萬・基維利迪（Ivan Kivelidi）和助理佐伊・伊斯瑪洛娃（Zara Ismailova）曾被較早期的諾維喬克毒害，後來當局判定是基維利迪的前合夥人弗拉迪米爾・庫希維利（Vladimir Khutsishvili）犯下這椿謀殺。據說他是從負責生產諾維喬克的俄國國立有機化學與技術研究機構非法取得。

Credits

The publishers would like to thank the following sources for their kind permission to reproduce the pictures in this book.

AKG-Images: DeAgostini/A.Dagli Orti 73

Alamy: AF Fotografie 68; /Archive PL 96; / Artokoloro Quint Lox 28; /Stefano Bianchetti 74; /Chronicle 10, 17, 44, 87, 109; /Dorset Media Service 170; /Geoz 98; /Florilegius 104; /John Frost Newspapers 118; /F.Martinez Clavel 72; /History and Art Collection 57; / ImageBROKER 14; /Lanmas 67; /Lebrecht Music & Arts 62; /Newscom 134, 169; / Pictorial Press 97; /UtCon Collection 71; / Bruce Yuanyue Bi 130

Bridgeman Images: 11, 20, 27, 102; /Archives Charmet 32; /Granger 63; /Look and Learn 29, 51; /Purix Verlag Volker Christen 31

Getty Images: 131, 141; /Araldo de Luca/ Corbis 35; /Bentley Archive/Popperfoto 126; /Bettmann 119, 154; / Bride Lane Library/ Popperfoto 123; /BSIP/UIG 22; / The Cartoon Collector/Print Collector 93; /DeAgostini 60; /Express Newspapers 108; /FBI 151; /Fine Art Images 45, 47, 48; /Hoang Dinh Nam/AFP 15; /Efired 41; /Florilegius/SSPL 64; /Granger 77; / Acey Harper/The LIFE Images Collection 142, 143; /Julien M. Hekimian 70; /Heritage Images 40; /Nobori Hashimoto 137; /Hulton Archive 63, 128; /Illustrated London News/Hulton Archive 103; /Imagno 24-25; /Wojtek Laski 115; /Markus Leodolter/AFP 163; /Hasan Mohamed/AFP 138; /Matthew Naythons/The LIFE Images Collection 122, 123; /NY Daily News Archive 155; /New York Times Co./ Neal Boenzi 124; /Ira Nowinski/Corbis/VCG 116; /Phas/UIG 77; /The Print Collector 91; /

Popperfoto 129; / Prisma/UIG 36; /Prisma Bildagentur/UIG 61; /Smith Collection/ Gado 152; /Dick Swanson//The LIFE Images Collection 164; /TASS 168; /Ullstein Bild 114; / Alex Wong 149; /SSPL 38, 65, 110, 120; / Universal History Archive 12, 54-55, 64, 88, 160; /Natasja Weitsz 156

Greenwich Heritage Centre: 89

Mary Evans Picture Library: Photo Researchers 86

Metropolitan Museum Of Art, Catherine Lorillard Wolfe Collection, Wolfe Fund, 1931: 18

Private Collection: 69, 90, 95

Science Photo Library: 146; /Carlos Clarivan 157; /Natural History Museum, London 52; / Dr. Mark J. Winter 144

Shutterstock: 113, 166; /Amoret Tanner Collection 9; /Design Pics Inc 58; /Eye of Science 80; /Alistair Fuller/AP 159; /Granger 79, 121; /MoreVector 13t; /Morphart Creation 42; /Stanislav Samoylik 13b; /Geoffrey White/ ANL 145

Topfoto: 106

Wellcome Library: 100

Every effort has been made to acknowledge correctly and contact the source and/ or copyright holder of each picture and Carlton Books Limited apologises for any unintentional errors or omissions, which will be corrected in future editions of this book.

2AB729

毒物犯罪研究室：

解析 23 種經典致命植物、礦物、藥劑、毒品，從醫學鑑識＆毒物科學揭秘恐怖毒殺與謀殺手法

Poison: The History of Potions, Powders and Murderous Practitioners

作　　　者	班・哈伯德 Ben Hubbard
	蘇菲・漢娜 Sophie Hannah（序）
譯　　　者	游卉庭、戴榕儀
責 任 編 輯	溫淑閔
內 頁 設 計	江麗姿
封 面 設 計	任宥騰
行 銷 企 劃	辛政遠、楊惠潔
總 編 輯	姚蜀芸
副 社 長	黃錫鉉
總 經 理	吳濱伶
發 行 人	何飛鵬
出　　　版	創意市集

發　　　行　英屬蓋曼群島商
家庭傳媒股份有限公司城邦分公司
歡迎光臨城邦讀書花園
網址 www.cite.com.tw

香港發行所　城邦（香港）出版集團有限公司
香港灣仔駱克道193號東超商業中心1樓
電話：(852) 25086231
傳真：(852) 25789337
E-mail：hkcite@biznetvigator.com

馬新發行所　城邦（馬新）出版集團 Cite (M) Sdn Bhd
41, Jalan Radin Anum, Bandar Baru
Sri Petaling, 57000 Kuala Lumpur,
Malaysia.
電話：(603) 90563833
傳真：(603) 90576622
E-mail：services@cite.my

展 售 門 市　台北市民生東路二段141號7樓
製 版 印 刷　凱林彩印股份有限公司
初版 3 刷 2024年2月
I S B N　978-626-7149-24-9
定　　　價　480元

客戶服務中心
地址：10483台北市中山區民生東路二段141號B1
服務電話：（02）2500-7718、（02）2500-7719
服務時間：周一至周五 9：30～18：00
24小時傳真專線：（02）2500-1990～3
E-mail：service@readingclub.com.tw

若書籍外觀有破損、缺頁、裝訂錯誤等不完整現象，
想要換書、退書，或您有大量購書的需求服務，都請
與客服中心聯繫。

Originally published in 2019 by Andre Deutsch,an
imprint of the Carlton Publishing Group This edition
published in 2020 by Welbeck, an imprint of Welbeck
Publishing Group

Text © Welbeck Non-fiction Limited 2020
Foreword © Sophie Hannah 2020
Design © Welbeck Non-fiction Limited 2020

國家圖書館出版品預行編目 (CIP) 資料

毒物犯罪研究室：解析23種經典致命植物、礦物、藥劑、
毒品，從醫學鑑識＆毒物科學揭秘恐怖毒殺與謀殺手法 /
班.哈伯德、蘇菲.漢娜著. -- 初版. -- 臺北市：創意市集出版：
城邦文化事業股份有限公司發行, 2022.10
　面；　公分

　譯自：Poison : the history of potions, powders and
murderous practitioners.
ISBN 978-626-7149-24-9(平裝)

1.CST: 中毒 2.CST: 謀殺罪 3.CST: 刑事偵察
4.CST: 個案研究

548.69　　　　　　　　　　　　　　　111014514